書

久松達央
HISAMATSU Tatsuou

キレイゴトぬきの農業論

538

新潮社

キレイゴトぬきの農業論●目次

第5章　センスもガッツもなくていい　131

第6章　ホーシャノーがやってきた　147

第7章　「新参者」の農業論　169

はじめに――「キレイゴト」から離れて

僕は脱サラ農業者です。茨城県土浦市（旧・新治村）で有機農業を営んでいます。

実家は農家ではありません。大学を卒業後、合成繊維メーカーで輸出営業を5年やった後、ひょんなことから全く畑違いの農業に転身しました。畑を借り、中古の耕運機を買い、というところから始め、少しずつ規模を広げて来ました。現在は、総勢6名のスタッフとともに、3ヘクタール強の畑で年間50品目という多種類の野菜を露地（屋外）で育て、個人の消費者や飲食店に直接販売するという、農業者の中では変わった経営スタイルを取っています。普通の野菜農家は、数品目に絞ってまとまった量の野菜を育て、市場に出荷しています。それに対して僕の畑では、たくさんの種類の野菜が、1列ごとに植わっており、しかも次々とローテーションで変わっていきます。一般の家庭で食べられている野菜は大抵育てていますので、僕は自分の畑を「巨大な家庭菜園」と呼んでいます。

有機農業というと、一般には「危険な農薬を使わない安全な農法」「環境にやさしいエコな農法」と捉えられていますが、本編で述べるように、それらは必ずしも事実ではありません。これを読んでビックリされる方も多いかもしれません。かくいう僕自身も最初は、「環境や健康を破壊する危険な農薬を使わずに野菜をつくりたい！」という思いで始めましたが、実践していくうちに「有機農業のキレイゴト」に疑問を感じるようになりました。残念ながら、それにきちんと答えてくれる人や書物がなかったので、自分で考えるしかありませんでした。畑で農作業をしながら、自分の頭と手で考えて、疑問への答えを言葉にしたのが本書です。

初めに断っておきますが、僕は農業に向いていない人間です。並外れた体力も高い栽培技術もありませんし、まして「奇跡」を起こすことなどできません。仲間からは「日本一話のうまい農家」と揶揄《やゆ》されています。本当は「日本一野菜のうまい農家」と呼ばれたいのですが。

そんな僕でも、農業で食えているのはなぜか？　その秘訣も本書で明らかにしました。

農家というと、朝から晩まで続く泥まみれの苦しい肉体労働に耐える人々、というイメージが強いかもしれませんが、そうではないやり方もたくさん存在します。僕は野菜づくりを体系的に学んだことはないので、栽培や販売のやり方はセオリーからは外れています。それでもウマい野菜でお客さんを喜ばせる事はできます。

僕の野菜のコンセプトは「エロうま」。野菜というとヘルシーでやさしいイメージが先行しますが、やみつきになる力強いウマさでお客さんを喜ばせたい、というのが僕の願いです。

農業は古くからある仕事ですが、既存のやり方が全てではありません。どんな人も必ず持っている、その人の強みや個性を素直に生かせば、オリジナリティーに富んだ面白い農業経営が可能です。農業に直接興味がある人はもちろん、他人がやらない新しいビジネスに挑戦したい人のヒントになれば幸いです。

それでは「日本一話のうまい農家」が語る、キレイゴトぬきの野菜の話を始めたいと思います。

第1章　有機農業三つの神話

第1章　有機農業三つの神話

三つの神話

「安心・安全な無農薬野菜」

「美味《おい》しくて環境にやさしい有機農業」

「おそろしい残留農薬の実態！」


インターネットで有機野菜について調べると、こうした宣伝文句がずらりと出てきます。レストランや居酒屋のメニューなどにも「有機野菜使用」の文字が。皆さんは有機野菜と聞いてどんなイメージを持ちますか？

「細かい事は分からないけど、有機だから安全で体にも良さそう。農法としてもエコなのでは？」

そんな感じでしょうか。

でも、そのイメージは間違っています。

かくいう僕も最初はそんな風に考えて、あこがれで有機農業を始めました。ところが実践を重ねるうちに、「ん？　思っていたのと違うぞ」という点がたくさん出てきたのです。

世の中の人々が持っている、有機農業に関する誤ったイメージを、僕は「有機農業三つの神話」と呼んでいます。

神話1　有機だから安全
神話2　有機だから美味しい
神話3　有機だから環境にいい

実際に有機農業を実践している立場から、この世間のイメージを一つ一つ検証してみたいと思います。

「有機だから安全」のウソ

神話1　有機だから安全

これは事実ではありません。

有機農産物が危険だと言っている訳ではありません。有機農産物はもちろん安全です。どの程度安全かと言えば、適正に農薬を使った普通の農産物と同程度に安全です。

「そんなはずはない。農薬の危険性を指摘する本を読んだぞ！」という方もいらっしゃるかもしれません。確かに、かつての農薬の中には人に対する毒性が強い物もありました。農薬使用中の農業者の中毒事故が多発していた時代もあります（次頁の図1参照）。また、当時の農薬には作物への残留性の高い物、土壌に残留して長い間残るものもあり、1960年代から70年代にかけて大きな社会問題にもなりました。農薬の危険性を告発した有吉佐和子の『複合汚染』は人々に大きなインパクトを与えました。

社会の関心の高まりの中、残留性の高い農薬や毒性が強い農薬への規制が厳しく改正され、メーカーの農薬開発も毒性の弱い物、残留性の低い物へとシフトしていきました。

こうした流れを経て、現在の農薬の規制は、これ以上は無理なくらいに安全に配慮されています。残留農薬の規制がどのくらい厳しいものか見てみましょう。

年次	死亡事故（内散布中）	中毒事故（内散布中）	合計（内散布中）
昭和32〜35年平均	45	684	729
36〜40	38 (20)	322 (296)	360 (316)
41〜45	39 (15)	276 (252)	315 (267)
46〜50	21 (4)	233 (216)	254 (220)
51〜50	17 (6)	158 (147)	175 (153)
56〜50	12 (2)	68 (59)	80 (61)
61〜平成2	6 (2)	54 (45)	60 (47)
平成3〜7	4 (1)	20 (13)	24 (14)
8	2 (0)	66 (60)	68 (60)
9	4 (0)	43 (29)	47 (29)
10	3 (1)	50 (44)	53 (45)
11	0 (0)	59 (41)	59 (41)
12	0 (0)	42 (30)	42 (30)
13	2 (1)	144 (132)	146 (133)
14	2 (0)	56 (48)	58 (48)
15	6 (1)	28 (25)	34 (26)
16	2 (1)	54 (39)	56 (40)

注：昭和32〜50年は厚生省薬務局監視指導課の調査
昭和51年〜平成12年は農林水産省農産園芸局植物防疫課の調査
平成13年〜は農林水産省生産局生産資材課の調査
散布中以外の事故は、誤用・誤飲によるもの。自他殺は除く。

図１　農薬による中毒事故の件数
（出典：群馬県ＨＰ「ちょっと気になる農薬の話」をもとに作成）

まず、該当する農薬について動物実験を行い、動物が一生涯毎日摂取しても健康に影響が出ないと確認された量を、安全係数の１００で割った数値を、ヒトの一日許容摂取量（ＡＤＩ）として設定します。ＡＤＩは、「ヒトが一生涯にわたって、毎日摂り続けても、健康上なんら悪影響がない量」です。次に、実際に人々が何をどれだけ食べているかの調査（国民栄養調査）に基づき、仮に摂取する全ての農産物にその農薬が基準値まで残留していても、その合計量がＡＤＩを超えないように、各農産物に割り振って残留基準が決められます。

平たく言えば、こういうことです。

「仮にある農薬が、関連するすべての農産物に基準値上限まで残留していたとする。それを一生涯にわたって毎日、国民平均の１００倍食べ続けたとしても、動物実験で健康に影響が出ない範囲に収まる」

現実にそんなことはありえません。もしそんな無茶な食べ方をしたら、他の理由で体がおかしくなってしまいます。

「毒にも薬にもならない」という表現がありますが、健康に影響が出るかは摂取する量によります。青酸カリのように毒性の強い物質は少量でも死に至ります。一方で、誰もが口にする身の回りの食べ物も毒性こそ低いものの、摂り過ぎれば必ず害があります。塩や水にも致死量はあるのです。成人男性であれば、２００ｇくらいの食塩を一度に摂ると死に至ると言われています。食べ物のリスクは〔毒性×摂取量〕で表されます。つまり、どんなに毒性が低いものでも「食べ過ぎれば死ぬ」のです。でも、死ぬのが怖くて水を飲まないという人はいませんよね。同じように農薬でも放射能でも、摂取する量をコントロールすれば、健康を害する事はないのです。

「〇〇は体に悪い」という表現が日常的に使われていますが、これは実は日本語として成立していません。「○○という食べ物の中の□□という物質は、このくらいの量を摂るとこのくらいのリスクがある」という表現が適切です。

安全と安心は違う

「どんなに理屈で説明されても、嫌な物は嫌だ。農薬がかかったものは安心して食べられない」という方もいらっしゃるでしょう。その考えを否定するつもりはありません。

対で語られる事の多い「安全・安心」ですが、意味するところは全く違います。簡単に言えば、「安全」は客観的なもの、「安心」は主観的なもの。どちらが正しいとか上位とかではなく、別な概念です。

複雑な現代社会で人々が認識を共有するために、科学的根拠や客観的事実は大切です。一方で、それを自分の中でどう解釈し、どう感じるかはその人自身の問題です。「安心材料」という言葉があるように、安全をはじめとする客観情報や科学的な思考は、自分という器に情報を取り入れる「材料」や「道具」に過ぎません。あとはその人自身が内部でそれを処理し、安心したり不安になったりするのです。

「腑に落ちる回路」は人それぞれで、他人が踏み込めない領域なのです。科学は安全を説明する事はできても、直接安心を与える事はできません。しかしだからと言って、科学の言葉で語られる客観的事実を認めなかったり、攻撃したりするのは無意味です。安全と安心は分けて考えなければならないのです。

農薬は適正に使用する限り、食べる人に危険を及ぼす事はまずありません。農薬が「安全」なのは動かない科学的事実です。しかし、それで「安心」しない人がたくさんいる事もまた事実です。そこもまた他人には動かしようがないのです。自分の気持ちについて他人にとやかく言われる筋合いはありません。

僕自身も、農薬の安全性に疑いを持っていませんが、自分では使っていません。後述する生き物への影響もありますが、主たる理由は「何となくいやだから」です。それは僕の好みや美学の問題であり、合理性を超えた部分です。なので、僕の有機農業は「食べる人の安全のための無農薬」では全くないのです。意外に分かってもらえない部分なのですが……。説明が面倒なので「消費者の安全のためです！」と言ってしまえばいいのかもしれません（笑）。

神話その2　有機だから美味しい

これも事実ではありません。有機栽培だからまずい、と言っているのではありません。有機だから、必ず美味しいとは限らないという意味です。別な言い方をすれば、有機栽培であることは、美味しいことの十分条件ではないという事です。野菜の美味しさを決めているのは、圧倒的に栽培方法以外の要素なのです。

野菜の味を決める大きな要素は三つあります。栽培時期（旬）、品種、そして鮮度です。僕はこれを「野菜の美味しさの三要素」と呼んでいます。

栽培者としての感覚では、この三要素で8割方決まります。この三つが十分に満たされていれば、栽培方法にかかわらず、誰でもある程度美味しい野菜が育てられます。逆に言えば、この三要素を満たしていなければ、どんなに農法にこだわっても美味しさにはつながらないということです。後に詳しく述べますが、栽培時期、品種、鮮度の三要素は美味しい野菜の前提となる条件です。それらが満たされて初めて、その良さを生かすための栽培方法という要素が効いてくるのです。栽培方法をどんなに工夫しても、品種や時期といった土台の大きさを超えることはできません。

では有機野菜はなぜ美味しいと言われるのでしょうか？　それは有機農業をしている生産者が、結果的に美味しさの三要素を満たしていることが多いからです。有機「栽培」そのものだけが寄与しているのではないのです。ですからもちろん、世の中には美味しくない有機野菜もたくさん存在します。収穫後の鮮度管理が悪かったり、味の良くない品種を使ったりすれば、栽培が有機であっても美味しくなりません。逆に、この三要素を押さえて栽培をすれば、慣行農法（農薬や肥料を用いる一般的な農法のこと）でももちろん美味しくできます。栽培方法による差はほとんどありません。

「有機栽培なので美味しい！」は分かりやすいキャッチコピーですが、美味しさの三要素の方がずっと重要です。「有機だから美味しい」という人の中には、事実ではないと分かってわざと言っている人と、そもそもこの事を理解していない人、の2種類がいます。より厄介《やっかい》なのは後者の分かっていない人たちです。僕もかつてはそうでしたが、「有機は素晴らしい」という思い込みが強すぎると、本当の事が見えなくなってしまうことがあります。プラターズの名曲〝Smoke gets in your eyes（煙が目にしみる）〟にある、〝When your heart's on fire, you must realize smoke gets in your eyes.（ハートに火がついていると、煙が目に入って何も見えなくなってしまう）〟という一節が思い出されます。

この三要素こそが野菜の美味しさを決める、と僕は確信しているので、その点を外さないような野菜づくりを心がけています。まず、旬の時期のものしかつくりません。夏にほうれん草はありませんし、冬にトマトはありません。消費者の方々に野菜を詰め合わせのセットでお送りしていますが、季節によって中身が全く違います。

品種はもちろん、美味しさを中心に吟味しています。一般の方には知られていない美味しい品種が、実はたくさんあります。

みさきキャベツ

たとえば、写真のみさきキャベツ。春と秋の一時期にしか出ない、とんがり頭のやわらかいキャベツです。甘みと歯切れが抜群で、生食用としてはこれ以上のものはありません。
そして、鮮度をとても大切にしています。基本的には注文を受けてから必要な分だけを収穫します。それをきれいに掃除して鮮度保持袋に入れ、宅配便で直接お客様にお届けしています。いつでも好きな時に買えるスーパーは確かに便利ですが、その分、鮮度をはじめとしていろいろな事を犠牲にしています。僕たちはいい物をいい状態でお届けする事に全ての資源を使っていますので、ご不便はおかけしますが、栽培時期・品種・鮮度には自信があります。

流通が発達したにもかかわらず、市場にはあまり美味しくない野菜が出回っているのも、事実です。これは基本の三要素が満たされていない野菜が多いことの証です。僕は、これこそが一番の問題だと思っています。食べ物ですから、美味しくて栄養があるのは本来当たり前であるはずですが、残念ながらそうはなっていません。次章で詳しく述べます。

神話その３　有機だから環境にいい

環境はとても複雑なもの

これも一概に「イエス」とは言えず、ケースバイケースです。

農水省が使っている環境保全型農業という言葉の影響もあって、有機農業と聞くと、なんとなく環境にいいというイメージがあるのではないでしょうか？　しかし、環境問題というのは実に広範囲で複雑多岐にわたります。有機農業という一つの方法論が、あ

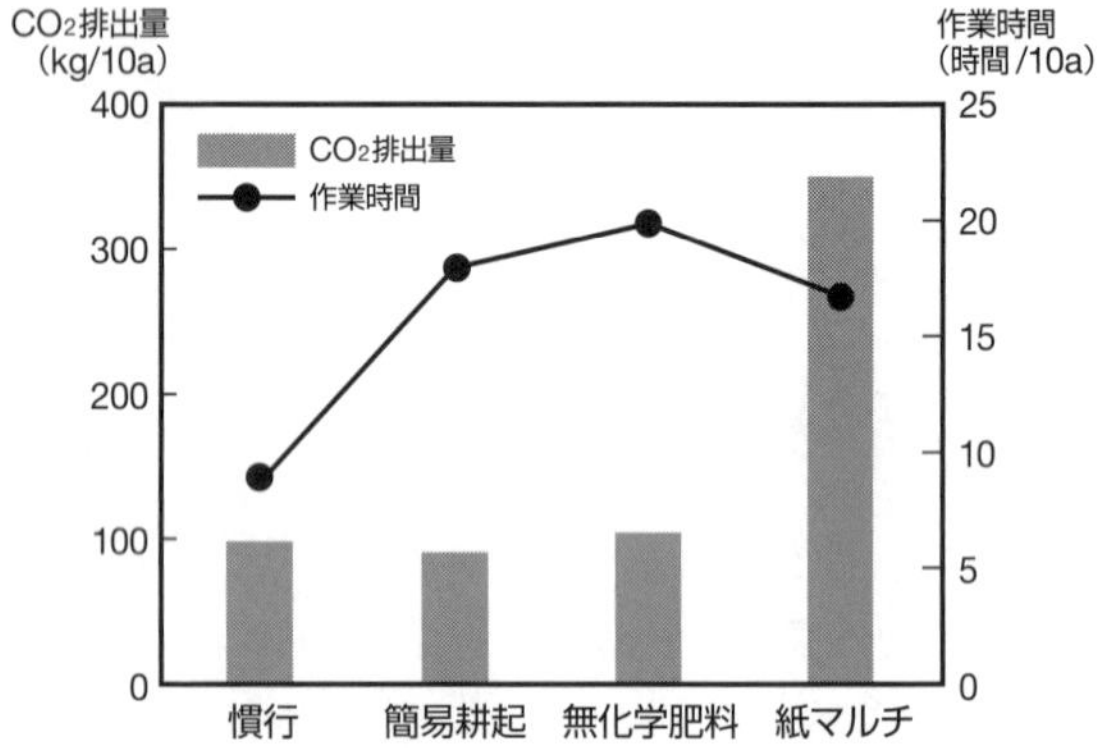

図２　農法別の CO_2 排出量

（出典：『シリーズ 21 世紀の農学　地球温暖化問題への農学の挑戦』〔日本農学会編〕をもとに作成）

らゆる側面において環境負荷が少ない、などとは言えないのです。

一つの例をご紹介します。茨城大学の小林久教授が、水田稲作における様々な除草技術と二酸化炭素の排出量の関係を調べました（図２参照）。

少し解説を加えます。イネは虫や病気にはそれほどやられないので、米づくりで一番問題になるのは初期の雑草です。ほとんどの農業者は雑草対策として除草剤を使用しています。ですから、米づくりで「農薬を減らす」というのは「除草剤を減らす」ことになります。アイガモ農法などいくつかの方策がありますが、実用化されている技術の一つに紙マルチ栽培があります。これは最初に田んぼを紙で覆ってしまい、そこに苗を植えていくというものです。光が通らないのでイネとイネの間に草は生えません し、紙ですから栽培後期には水に融けてなくなってしまう、という便利な技術です。除草剤をゼロにできるこの技術は環境に優しそうですよね。

ところが、小林教授の研究結果は面白いものでした。この紙マルチ栽培は突出して二酸化炭素の排出量が高かったのです。これは紙の製造工程で大量の二酸化炭素を出すためです。いくら田んぼでは「環境にいい」と言っても、その分のツケをよそに回しているのでは、この方法そのものが「環境にいい」とは言いづらいものがあります。

この方法が悪い、と言いたいわけではありません。除草剤を使わないという要素を評価するのか、二酸化炭素を出さないという要素を評価するのかによって選択は変わってきます。紙マルチ栽培が一概に環境負荷が低い、とは言えない難しさがここにあります。「それでも全体としては有機のほうが環境にいいのでは?」とおっしゃる方もいるでしょう。もちろん、そういう場面もたくさんあります。たとえば、農薬の生き物への悪影響です。今の農薬は、かなりピンポイントで防除したい虫や病気だけに作用するよう開発されていますが(これを農薬の選択性と言います)、だからと言って他の生き物に全く影響がない訳ではありません。まだ分からないことも多いのです。

環境問題ではいろいろな要素が広範囲で複雑に絡み合います。局面によって何を優先するのかを個別に検討しなくてはなりません。有機農業があらゆる場面で環境にいい、などと大雑把に言えないのです。状況や条件に応じて、科学的で精緻な議論が必要です。

そもそも有機農業とは何か

有機農業三つの神話が、いずれも誤解である事を述べてきました。

こう並べると、お前は有機農業が嫌いなのか？　と聞かれそうです。そうではありません。誤ったイメージが広まっているせいで、有機農業の本当の良さや面白さがゆがめられている、と感じているのです。

僕の考える「有機農業とは何か？」をご説明します。

僕は有機農業を、「生き物の仕組みを生かす農業」と定義しています。最近では植物工場のように、生き物の仕組みに頼らないタイプの農業技術も開発されていますが、有機農業では自然の仕組みにできるだけ逆らわず、生き物、特に土の微生物の力を生かすことを重視します。このような考え方は、ヨーロッパではビオ農法などと呼ばれています（アメリカではオーガニックという言葉を使う）。日本語では生物学的農法と訳されていますが、「有機」よりもビオ（bio＝「生」「生命」）という言葉の方が僕の言っている「生き物の仕組みを生かす」を率直に表現していてしっくりきます。

「有機」という言葉は、もともとは漢書の中の「天地有機（天地に機あり）」という言葉から付けられた、と言われています。「機」とは英語で言うシステムやメカニズム、日本語ではからくり、装置という意味です。天地、つまり宇宙にはからくり＝法則があり、それを理解し、尊重する農業を標榜しよう、という意味です。素晴らしい考え方だと思います。

ここで言う「機」の一つが、今で言う循環型農業の事です。健康で肥沃な土が健康な作物を育み、それが健康な動物を育み、その死骸や糞が微生物によってまた健康な土へと返っていく。この自然のサイクルに可能な限り沿う農業が有機農業です。

生き物は単独では生きられません。動物と植物、植物同士、植物と土の中の微生物はそれぞれ互いに影響し合い、共生しています。たとえば土壌微生物の中には、植物の根に棲《す》み付き、根から炭水化物をもらいながら、土壌から養分を取り込んで根に供給しているものがいます。弱肉強食の単純な力関係だけが自然の摂理ではありません。無数の生き物が相互に作用しながら、複雑なネットワークを形成して生態系全体を強く豊かにしているのです。それぞれの生き物が持つ機能、それが全体で回るシステム、これらを積極的に生かそうというのが有機農業の考え方です。

土と植物の関係はまだ分かっていない事も多いのですが、知れば知るほどそれがいかに上手《うま》くできているかに感心します。そのシステムの、単純なようで複雑、脆《もろ》いようで強いさまに驚かされます。そうした生き物のしたたかさを利用しない手はない、というのが有機農業の基本的な考え方です。

無農薬は手段に過ぎない

最近では、植物工場や水耕栽培のような、栽培環境を徹底的にコントロールする技術も発達しています。こうした技術の背後には、生き物のシステムに逆らっても植物をコントロールできるという人間の〝自信〟を感じます。僕にはそんな自信はとてもありませんので、生き物の仕組みには喧嘩を挑みません。だから有機農業を選んでいます。いい悪いではなく、どこに合理性や機能美を見いだすか、という考え方の違いだと思います。

「『有機農法だから、いい野菜ができる』と聞いた。それは嘘なのか？」とご質問を受けそうです。大事なのは、有機農業も植物工場も方法論の違いでしかないということです。栽培とはそもそも、目指す目的に至る合理的な道筋を考え、それに沿って経営資源を最適に配分して目的に近づく行為のことなのです。

山登りに喩《たと》えれば、どの山を登りたいかは人それぞれです。そして、その山に登るのに最適な登頂ルートを、置かれた状況、持っている装備等を考慮して総合的に判断するわけです。久松農園の例で言えば、「美味しい野菜でお客さんに喜んでもらう」という山を登っています。そのためには、直販型の有機農業というアプローチが最も合理的に思えるので、僕はその道を登っているだけです。同じ山頂への登頂ルートは無数にあります。実際に、別なルートから同じ山を登っている人もたくさん知っています。どのルートが正しいかを農業者同士で争うのは不毛です。できたものを食べてお客さんが判断すればいいのではないでしょうか。

「有機農業とは何か？」を調べると、必ず「農薬や化学肥料を使わない農業」という説明にたどり着きます。しかし、これは正確な記述ではありません。農薬や化学肥料を使わない、というのは生き物の仕組みを生かすための一つの手段に過ぎません。つまり、農薬や化学肥料を使わないというのはあくまでも、「いかにして（How）有機の考え方を実現するか」の説明であって、「なぜ（Why）有機なのか」には答えていないのです。

もちろん中には、「有機農産物」や「無農薬野菜」と謳《うた》いたいために有機農業をやる、という人もいます。僕は、それを「目的としての有機農業」と呼んでいます。有機農業をいい物をつくるための方法論として捉えている僕が行っているのは、「手段としての有機農業」になります。農薬や化学肥料を使わないこと自体には特に価値はないと考えているので「目的としての有機農業」と「手段としての有機農業」の二つは、はっきり区別されるべきだと思っています。

有機野菜は「健康」な野菜

「安全な野菜じゃないなら、有機野菜ってどんな野菜なの？」

そんな質問が聞こえてきます。食べ物としての安全性の文脈で語られる事の多い有機野菜ですが、そこは本質ではありません。既に述べたように、有機野菜と一般の野菜は安全性については違いがありません。

有機野菜は安全な野菜ではなく「健康な野菜」であるべきだ、と僕は考えています。「健康な野菜」をもう少し丁寧に説明すれば、「その個体が生まれ持っている能力を最も発揮できている野菜」ということです。そして、健康に育った野菜は栄養価も高く美味しい。もちろん栽培の前提として、栽培時期、品種、鮮度の三要素が満たされているのは当然です。健康に育てることは、その先の話になります。

作物を健康に育てるためには、畑の生き物を多様に保つのが近道です。特に、土の中の微生物の数と種類を増やすことが、質の高い作物を安定してつくることに大きく寄与します。先に述べた通り、生き物は相互に機能を果たしていますので、農業生態系においても畑の生き物を増やすことは、生産力や病害虫に対する抵抗力を高めます。僕が農薬を使わないのは、その生き物を殺したくないからです。特に土壌消毒と呼ばれる殺菌剤は、土の微生物を根絶やしにしてしまうもので、許容できません。倫理的に許せないとか、環境保全の観点から駄目だというのではなく、力を借りるべき生き物を減らすのは栽培者自身にとって合理的ではない、というのがその理由です。実利的に考えるからこそ、農薬は使わないというのが僕の立場です。

有機でなくても「健康な野菜」はできる

「それなら、有機でなくても『健康な野菜』はできるはずでは？」とお思いの方、それは正しい理解です。「健康な野菜」は、有機農業以外の手法でも再現できます。土の生き物を大事にし、高品質の野菜をつくる農業者は、慣行農業をしている中にもたくさんいます。逆に有機農業をやっている人でも、健康でない低品質の野菜をつくる人もいます。健康で品質のいい野菜づくりが目的であるなら、線引きは有機・非有機の間にあるのではありません。目的をどこに置き、それに合理的にアプローチするかどうかの手法の問題だと思います。

僕自身は有機農業の手法が有効だと考えているので、そのアプローチを選択していま す。と言っても、決して100％満足している訳ではありません。純粋に「健康な野菜」をつくりたいという目的だけなら、農薬や化学肥料をゼロにすることが必ずしも合理的ではない、と思う場面はあります。ただし総合的に考えれば、大きくは間違っていないと思っていますし、結果も出ているので概ね納得はしています。

有機農業の「選別機能」

もう一つ、有機農業特有の特徴があります。僕が「命の選別システム」と呼んでいる物です。

左は、僕の畑のブロッコリーの写真です。同じタネで同じように苗を育てて植えても、ある株《かぶ》は虫や病気でボロボロにやられるのに、隣の株はピンピンしているということがよくあります。

よくある誤解に「虫が喰っているくらいの野菜のほうが健全で美味しい」というものがあります。しかし、そんなことはありません。畑では弱い個体から病害虫にやられます。左のブロッコリーがやられたのには、いくつかの可能性が考えられます。生まれつき弱い個体だった、この場所の土の性質が悪くて上手く育たなかった、などです。いずれにしても、このブロッコリーは弱く育ってしまい、結果的に虫にやられたのでしょう。結局、虫食いがひどかったため売り物にならず廃棄処分になりました。弱いブロッコリーは栽培の過程で淘汰され、出荷されなかったのです。

「弱い」ブロッコリー(左)と健康なブロッコリー

もし、僕が農薬を使っていたらどうなったでしょう？　殺虫剤で虫を防除することで虫食いという症状は免れたでしょう。そうなれば、実際には弱い株なのに、何とかブロッコリーの形になって、出荷されたかもしれません。つまり農薬を使うと、淘汰されるべき弱い株も生き残ってしまいます。その結果、本当に健康に育った野菜と、そうでない野菜の区別がつかなくなってしまうのです。逆に言えば、農薬を使わないことで、野菜たちをふるいにかけ、健康でない野菜が生き残ってしまう事を防げるのです。

分かりにくい話なので、人の体に喩えて考えてみましょう。漢方医学で「未病」という言葉があります。健康のバランスが崩れているが、症状が出るには至っていない状態の事で、日本語で言うと「本調子でない」ことです。西洋医学では症状が出ていない状態は健康と定義されますが、漢方ではこの未病は、症状こそ出ていないものの健康とは診断されず、治療やケアの対象になります。つまり漢方の方が、「健康」の定義が狭いのです。

先ほどのブロッコリーの話をこの例で考えると、右のブロッコリーは漢方で言う健康な状態だったから虫に食われなかったのだ、と解釈できます。農薬を使ってしまうと、寄ってくる病害虫が防除されてしまうため、未病の野菜でもごまかしごまかし出荷まで行ってしまうかもしれません。しかしそれでは、健康に育った美味しい野菜を届ける、という方針に反します。

あえて厳しい環境に晒《さら》すことで健康でない物を淘汰させ、「健康な野菜」だけを選別する。これが有機農業の選別機能です。

美味しさの三要素に比べれば寄与率は少ないものの、有機野菜が美味しいと言われる理由には、この選別機能も影響していると僕は考えています。つまり農薬や化学肥料を使う栽培の場合、本来は「健康な」野菜にならないものを無理矢理出荷まで持っていったものが混じってしまう可能性がある。有機だとそういう野菜は淘汰されるので、「健康な野菜」だけが出荷にまで辿り着ける。そうなれば、平均で見た時に、有機の方が美味しい野菜が残っている確率は高いに決まっています。喩えて言うなら、薬で熱を抑えているだけの風邪の子供が混じったサッカーチームと、年中半袖半ズボンの健康優良児ばかりのサッカーチームを対戦させているようなものです。比較しているサンプルの抽出にそもそも偏りがあるということです。

もちろん栽培者としては、全部が健康に育った方がいいに決まっています。僕たちは芸術作品をつくっているわけではないので、いくら淘汰システムが有効だと言っても、

100個に1個しかまともなブロッコリーができなければ農業者としては技術的に失格ですし、そもそも食べていけません。しかし、現実には栽培はうまく行かない事も多々あります。天候もありますし、人為的なミスもつきまといます。そんな場合に有機農業だと、健康に育たない作物は生き延びる事ができません。環境が厳しいので、野菜が健康に育っているかどうかが見えやすいのです。僕が、自分の野菜を美味しいと胸を張って言えるのは、健康な物以外は廃棄しているという事情もあるのです。

第2章　野菜がまずくなっている？

旬はなぜ消えたのか

野菜の味を決める主な要因は栽培方法ではなく、栽培時期、品種、鮮度の三要素であると前章で述べました。「目利きが教える美味しい野菜の見分け方」の類を目にする事がありますが、そもそもこの三つが満たされていない物をどう見分けても大差ない、と僕は思います。

年配の方が「昔の野菜は美味しかった」とおっしゃるのをお聞きになった事があるでしょう。ノスタルジーによる過去の美化も多分にあると思いますが、実際に美味しくない野菜が出回るようになった事も事実です。美味しさの三要素を満たさない野菜が流通しているのです。ここでは、その理由や背景を見ていきましょう。

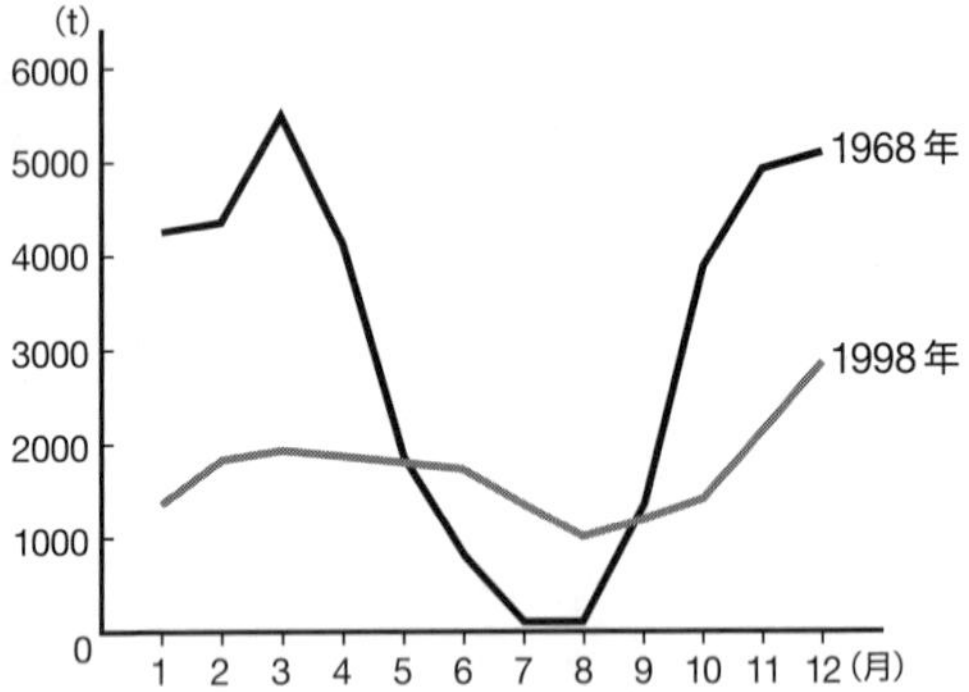

図3　ほうれん草の東京都中央卸売市場における月別入荷量
(出典：『野菜のビタミンとミネラル』〔編著：辻村卓〕をもとに作成)

まず、栽培の時期です。スーパーに行けば季節を問わず、いろいろな種類の野菜が並んでいます。実際に消費者は、野菜の〝旬〟を意識することは少ないのではないでしょうか。

これは栽培技術・輸送技術・品種改良などが進んで野菜の周年栽培が可能になった1980年代以降の話です。現在は、様々な栽培方法で全国の産地から冷蔵輸送ができますので、店頭の品揃えは1年を通して安定しています。ところが、昔はそうはいきませんでした。

葉物を例に取って見てみましょう。図3は、東京都中央卸売市場における1968年と1998年のほうれん草の月別の入荷量です。

栽培方法や輸送技術が限られていた昭和40年代には、東京の消費者は夏場にほうれん草を食べる事はできませんでした。その代わり、旬の冬には美味しいほうれん草が安く、たくさん手に入ったのです。ひるがえって現在は、ほうれん草が店頭に並ばない月はありません。露地栽培、ハウス栽培、水耕栽培など、いろいろな栽培手段がそれを支えています。さらに保冷輸送技術の発達によって、夏場でも高冷地や北海道で生産した物が流通するようになりました。

しかし、やはり夏場のほうれん草は美味しい物ではありません。栽培技術や品種改良がめざましく発達しても、適した季節の物には味も栄養価も遠く及ばないのです。むりやり夏場につくるほうれん草は、僕に言わせれば「ほうれん草のようなもの」でしかありません。

皆が栄養のバランスを気にする時代なので、緑黄色野菜には年間を通してニーズがあります。売り場はそれに応じていつでもモノがあるようにするのが仕事ですが、結果として1年を通じた味の平均点は下がっているのが現状です。年配の方が「昔のほうれん草は美味しかった」とおっしゃるのは当たり前なのです。昔は旬の美味しい時期にしか出回らなかったのですから。

旬以外の時期にも野菜が出回るようになったのには、生産者側の事情もあります。図

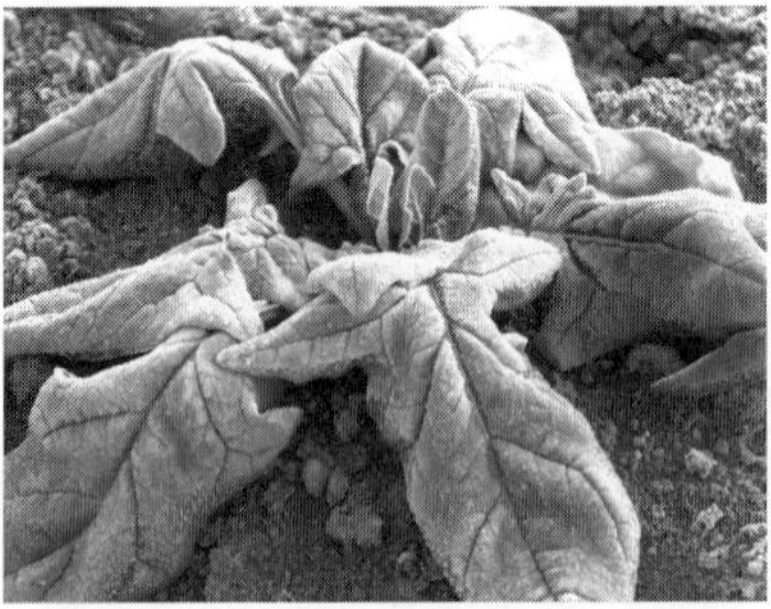

旬の時期に育てた久松農園のほうれん草（上）と、
ハウス栽培のほうれん草（下）

3で見たように、旬の野菜は一気に大量に流通するため価格が暴落しがちです。生産者としては、設備や資材を使って多少無理なつくり方をしてでも、出荷量の少ない時期に生産する方が収入の安定につながるのです。ある意味、いかに旬を外してつくるかが現代の生産者の腕の見せ所とも言えます。やや乱暴に言えば、上手な農家ほど美味しくないものをつくっている、という構造です。

欲しい物が欲しい時に手に入るようになった利便性の対価として、年間を通じた味の平均点は下がっている。これが日本の野菜の現状です。この構造の中では、旬の時期にしか栽培をしない僕の野菜が相対的に美味しいのは当たり前です。「おたくの野菜は美味しいですね」と言われると、嬉しい反面、当たり前の味が美味しいと感じられるくらい、全体が地盤沈下している事を感じて少し複雑な気持ちになります。僕がつくりたいのはそんな当たり前の「滋味のある野菜」。食べた人の体になるような、しみじみ美味しい野菜です。

矢野顕子の〝You Are What You Eat〟という歌をご紹介します。僕がつくりたいのは、まさしくこんな野菜です。

食べたものがあなたになる　美しくたくましく
食べたものが私になる　愛したり愛されたり

きょうはさみしい気持ち　朝日と夕焼け
ごはんにのせ　いただきます
（〝You Are What You Eat〟矢野顕子　from〝reverb〟〔２００２〕）

コンビニおでんの大根が煮崩れしない秘密

野菜に品種がいろいろあることをご存知の方も多いでしょう。トマトの「桃太郎」や、じゃが芋の「男爵」など、品種名がブランドになっている例も少なくありません。練馬大根と桜島大根がまるで違うように、同じ野菜でも品種が違うと特徴は違います。特にＦ１と呼ばれる交配種が主流になった最近では、野菜栽培の中で品種が果たす役割は非常に大きくなっています。

農業者の競争環境が年々厳しくなる中、人件費の高い日本では栽培のコストをどれだけ下げられるかが重要な経営課題です。種を販売する種苗会社にも、生産現場のニーズに合わせた品種の開発が強く求められています。病気に強い品種、形の良い品種、寒さや暑さに強い品種、収量の高い品種などなど。この状況では、味や食感という要素が犠牲になってしまうことも少なくありません。

一つ例を挙げましょう。冬場のコンビニは、おでんにとても力を入れています。中でも人気ナンバー・ワンは、やはり大根。セブン‐イレブンは年間で５５００万個もの大根おでんを販売しています（同社ＨＰより）。使用される大根は実に１２００万本。他社も合わせるとコンビニのおでんだけで、おおよそ２０００万本もの大根が使われています。

ところで、あのおでんの大根、長時間煮続けているのに煮崩れませんよね。なぜでしょうか？　実はおでん専用の大根品種があるのです。おでん用大根に求められるのは、煮崩れないこと、大きさ・断面が一定であること、青首大根のように緑色にならず、どこも白いことなどです。長時間の煮炊きに堪えるので、俗に「客待ち品種」などと呼ばれています。

しかし、煮崩れないことを売りにしている大根が本当に美味しいでしょうか？　僕が考える冬の大根の美味しさは、トロっと煮崩れるあの食感と甘さです。もちろん用途に応じた「商品」が開発されるのはいいことですが、僕がこの品種を自分のお客さん用に栽培することはありません。

一般の消費者向けの品種でも、店頭で目立つように緑色が濃く出る葉物や、萎れにくい代わりに硬いブロッコリーなど、味以外の特徴を前面に押し出した野菜が栽培されているケースが目立ちます。生産・流通の合理化の中で、美味しさや栄養価の高さという、本来は食べ物として最も重要な要素が、ないがしろにされているのです。

栽培者にできるのは、その個体が持っている特徴を発揮できるようにコントロールすることだけです。栽培で品種を超えることはできません。美味しい野菜を育てたいのなら、栽培が有機であるか否かよりも、品種の選択の方がはるかに重要です。

野菜は生き物

生鮮野菜の味に大きく影響するのが、収穫から食べるまでの日数と管理方法、つまり鮮度です。野菜は生き物です。収穫後も呼吸や蒸散といった生命活動は続きますので、蓄積された栄養分が消費され、時間が経てば味は必ず落ちます。こうした生命活動に使われるエネルギーは、蓄えた糖を燃やすことで作り出されますので、時間の経過による甘さの落ち方は顕著です。トウモロコシや枝豆など、甘さが売りの野菜が鮮度にうるさいのはそのためです。

鮮度を語る際に気をつけなくてはならないのは、見た目がパキパキしているから鮮度がいい、とは限らないことです。近年、コールドチェーンと呼ばれる冷蔵輸送技術が発達し、生産地であらかじめしっかり冷やされた野菜がトラックで冷蔵輸送され、店頭でも冷蔵ショーケースに並べられます。野菜は高温で揺さぶられると激しく劣化しますので、輸送技術の発達で流通中の変質はずいぶん抑えられるようになりました。

しかし、こうしたシステムの普及に伴って、野菜の流通はかつてないほど広域化・長時間化しています。たとえば春菊は萎れや劣化が早いため、かつては消費地から近いところでしか栽培されませんでしたが、今は北海道の物も東京に運ばれています。この場合、仮に収穫から店頭に並ぶまで3日かかるとすると、途切れない保冷によって見た目はそれなりに保たれても、3日前の春菊であることに変わりはないのです。もちろん、味は落ちています。

農業者が栽培方法にどんなにこだわっても、消費者の口に入るまでに時間がかかっては台無しです。以下は、僕が知り合いの有機農業者から聞いた話です。その方は大手の有機農産物宅配サービス向けに真夏の小松菜の栽培を始めました。高温期の小松菜は生育がとても早いので、収穫適期は3～5日くらいしかありません。業者の要望に応えるには、その短期間だけ出荷するというわけにもいかないはずです。どうしているのか尋ねると、答えはこうでした。

「ちょうどいい大きさでまとめて収穫してしまって、大きな冷蔵庫でごく低温で管理する。すると、2週間以上にわたって出荷できるんだ」

2週間冷蔵庫で寝かせた小松菜に、味も栄養もあるはずがありません。一般の流通では珍しい事ではないかもしれません。しかし、これは美味しさや栄養を売りにしている有機野菜の宅配サービスの話です。最も重要な鮮度を犠牲にした有機栽培に、果たして意味があるのでしょうか？

もちろん、こうした工夫によって夏場の葉物の供給が支えられていることも事実です。旬以外の時期でも、スーパーの店頭に野菜が豊富に並ぶためには必要な工夫です。ただし、僕のところではこのやり方は取りません。面倒ですが少量ずつ生産し、注文を受けてから必要な量だけを収穫して発送しています。この点は、流通在庫を持たなければ成り立たない大手とは大きく異なる部分です。

有機農業者の考え

有機農業者の中には、旬の時期の生産、栽培方法にあった品種の吟味、収穫直後の発送体制という要素を重視している人が少なくありません。自ずと野菜の美味しさの三要素が満たされますから、美味しい野菜が食べ手に届く確率が高くなります。

僕の感覚では、三要素で野菜の味の８割が決まりますから、かりに栽培技術が下手で残りの２割で得点できなくても、全体で80点は取れる訳です。有機野菜は結果的に美味しいのであって、有機〝栽培〟そのものだけが寄与しているわけではない、と僕が考える理由はそこにあります。第１章で述べた、有機だから美味しいとは限らない、という意味がご理解頂けたのではないでしょうか。

農業をする理由は人それぞれです。僕は、美味しい野菜でお客様に喜んで頂くために仕事をしていますので、美味しさへの寄与率が高い要素からつぶしていくのが合理的だと思っています。農薬や化学肥料を使わないことを金科玉条のように言う農業者も多いですが、僕にとっては、それはいい物をつくるための手段であって目的ではありません。

採り時で味は激変する

鮮度の話に少し絡みますが、採り時の問題もあります。たとえば、きゅうりやナスは1日でびっくりするほど大きくなります。家庭菜園で夏野菜をつくったことがある方はよくご存じでしょう。

きゅうりが旬の時期は毎朝収穫するのですが、採り残しがあると翌朝お化けきゅうりを発見してため息をつくことになります。大きくしすぎてしまったきゅうりは水っぽく、歯切れも悪く美味しくありません。

「たった1日でそんなに違うの?」と思われるでしょうが、夏のきゅうりは種まきから収穫終了まで3~4ヶ月しかありません。彼らの1日は人間の一生に換算すれば、数ヶ月から1年に相当するのかもしれません。時の重みは生き物によって大きく違うのです。生物学者・本川達雄さんの『ゾウの時間ネズミの時間』のような話ですね。

きゅうり、ナス、トマトなど実がなる野菜を〝生《な》り物〟と言います。実を若採りする生り物野菜は毎日どんどん変化します。たとえばオクラ。手のひらの上の一番左の小さな物は1日から1日半で右の大きさになってしまいます(左の写真)。余談ですが、手袋をしているのは、オクラのかゆみから手を守るためです。素手で収穫を始めようもの

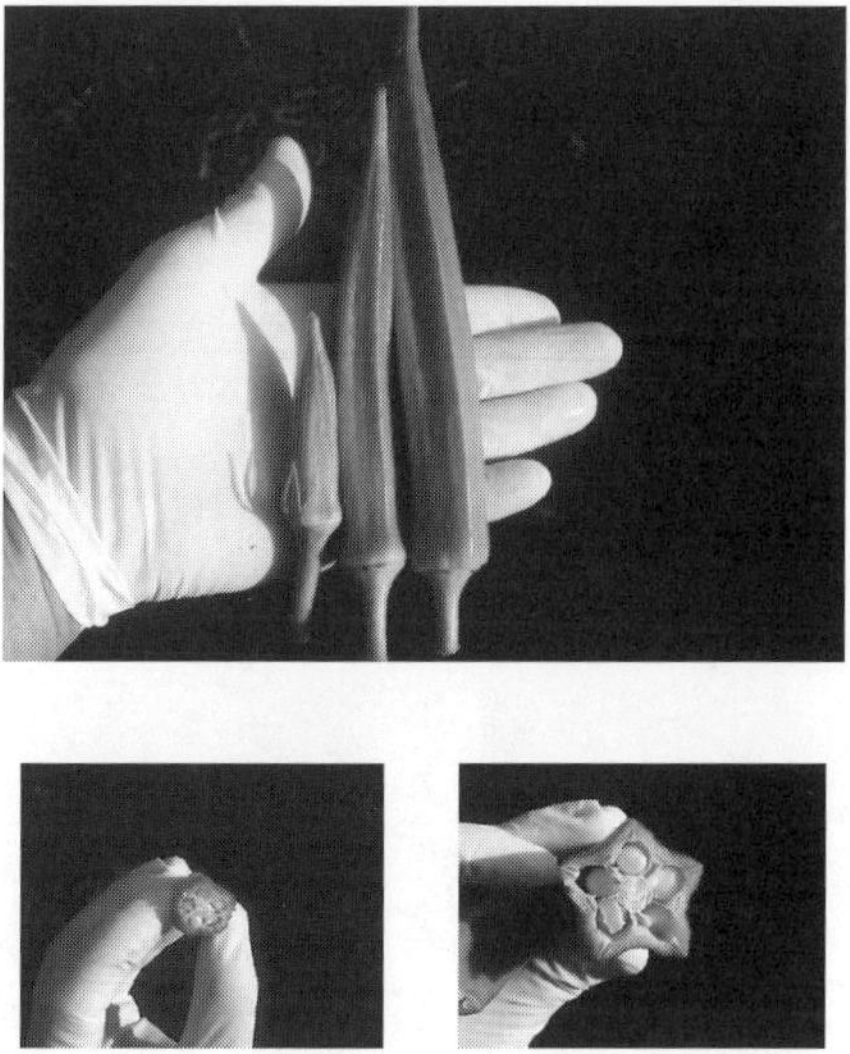

オクラはあっという間に大きくなる（上）。
若いオクラ（下左）と食べごろのオクラ（下右）

なら、5分もしないうちにかゆみでのたうちまわる事になります。

大きさが味や食感にどう影響するのか、中を割ってみるとよく分かります。

右の大きい物はタネが大きくしっかりしてきています、実を割る時もパキっと音がして、皮がしっかり厚くなっているのが分かります。もう1日置くと筋っぽくなってしまって食べられません。

左の小さい物はまだタネが小さく、皮も柔らかく歯ごたえがほとんどないくらいです。

一般に野菜は若採りすると繊維が少なく柔らかい食感です。味は未熟で単調になります。ピーマンなどは若採りすると、かなり苦くなります。子供の嫌いな野菜で必ず上位に挙がるピーマンですが、採り時と品種による差は大きいと思います。少なくとも僕がつくるピーマンに嫌なえぐみはありません。

一方で、大きくなった野菜は一般に固く繊維質になる事が多い。水分が少なくなるものもあります。しかし、それは一概に悪いことではありません。味が熟して複雑になることが多いからです。

さらに面白いのは、植物の状態によってベストな採り時が異なる事です。生育前半で木が若くて元気な時と、生育後半で木が疲れてくる時期ではベストな大きさは異なります。物理的な大きさだけでは判断できないのです。生り物は分かりやすい例ですが、他の野菜でも、収穫のタイミングで味や栄養価が全く変わってきます。ある野菜について、常に一定の大きさがベストということではなく、生育のステージや、木の状態、季節などによっても変わってきます。

完熟トマトという言葉があります。赤く熟してから収穫しているので味が乗っていますよ、という意味で使われています。裏を返せば完熟していない内に収穫されている物が多いということです。トマトのように輸送中に傷みやすいデリケートな野菜は、ある程度若採りして、食卓に届く頃に自然に赤くなるようにせざるを得ない面もあります。これを「追熟」と言います。バナナ、みかん、洋梨などの果物では追熟をコントロールする技術が発達しているため、ずいぶん早い段階で収穫しています。これは広く流通させる以上、ある程度やむを得ません。

このように同じ野菜でも、どのタイミングで採るかで味は全然違います。もちろん教科書的には大きさの目安はあるのですが、「このタイミングが味と固さのバランスがいい！」という発見をすることが栽培の大きな楽しみでもあります。前述のオクラは、一般に流通しているよりちょっと大きめで採った方が、味が深く美味しいと思います。

キヌサヤの出荷規格

気になるのは、野菜の市場規格が美味しい時期より若採りサイドに傾いているケースが目立つことです。市場での評価上、やわらかくて甘いことがよしとされ、逆にスジっぽかったり苦みやえぐみが強いと敬遠されやすい傾向にあるからだと思います。

たとえばキヌサヤえんどう。キヌサヤはその名の通りさやを食べる豆ですが、やはり美味しいのは豆ですので、少しぷっくりした位が甘みもあって美味しいし香りもいいのです。ところが市場規格は「実ぶくれなし」になっており、僕にとってのベストなキヌサヤは市場に出回りません。

市場規格はいろいろな経緯で決められていますが、必ずしも味や香りがいい状態に合わせられてはいません。甘くてやわらかいのがいいとされると、品種の開発も採り時もどんどん若採りへと向かってしまいます。スイートコーンなどでもその傾向があります。確かに最近の高糖度品種は甘い。ウルトラスーパースイート種というすごい分類もあります。けれども、トウモロコシの美味しさは甘さだけではありません。昔の焼きトウモロコシのように、粒がしっかりして味が深いものも美味しいと思うのです。

僕は「滋味のある野菜」をつくりたいのだと申しあげました。野菜の滋味とは、口にした瞬間にぱっと分かる分かりやすい甘さではなく、噛むうちにじわじわと感じる深い味わいの事です。単調ではなく、甘みも苦みもえぐみもバランス良くある野菜。複雑な味のする物が美味しい物だと思うのです。しかし現実には分かりやすい甘さ、やわらかさが一般受けします。そして、その傾向は年々強まっているように感じます。八百屋の対面販売が少なくなり、売り場で食べ方の提案ができなくなったことも、その一因です。美味しいけれどクセのある野菜は料理法を選びますので、説明が必要なことも多いのです。

扱いにくいけれども美味しい極端な例としてはイタリア野菜が挙げられます。たとえば、カーボロネロ（黒キャベツ）と呼ばれるアブラナ科の野菜は、がっしり育てるとスジっぽくて硬いのですが、何十分もグツグツ煮込むといい味になります。旨味をたくさん含んでいるので出汁《だし》が出るのです。日本では葉物はさっと湯がいて食べるイメージがありますが、そうではない食べ方が向く野菜もたくさんあるのです。信州の野沢菜はその例です。大きくスジっぽく育てるとアミノ酸をたくさん含んだ野菜に育ちますが、そのままでは食べにくいので漬け物にすると、とても美味しく食べられるのです。

カーボロネロ（上）と野沢菜（下）

第3章　虫や雑草とどう向き合うか

野菜の自己防衛

前章までは、主に有機野菜の「思想」について述べてきました。

有機栽培は生き物の仕組みを生かす方法である。

無農薬は食べる人の安全のためではなく、畑の生き物を殺さないため。

多様な作物を育て、生き物の種類と数を増やすことで、生産力の安定と質の向上を目指す。

では、この「思想」の実現のための「行動」はどのようなものになるのでしょうか。

本章では、有機の野菜づくりの実際を見て行きたいと思います。

正しい品種と栽培時期を選び、健康に育てれば美味しい野菜ができます。が、それを邪魔する敵がいます。敵は大きく分けて三つ。害虫と病気と雑草です。野菜は常にこの三つのリスクに晒されています。栽培の時期や品種にもよりますが、基本的に野菜はほったらかしにすると死んでしまうことが多い弱い植物です。それはなぜでしょうか？

植物は動物と違い動けません。逃げる事ができない代わりに、様々な方法で身を守っています。「硬さ」や「棘」が代表的な防御法です。中には独自の生体防御機構を発達させ、虫や細菌やウイルスから身を守っている植物もいます。そのような植物は葉や茎に、自己防衛のための毒や忌避物質を持っていたり、雑菌が体内に侵入しないような機構を兼ね備えていたりします。そうでなければ茎葉の弱い植物はあっという間に虫に食べられたり、菌に侵されて枯れてしまったりすることでしょう。

こうした防御機構を持たない弱い植物は、進化の過程で淘汰されてきたと考えられます。厳しい自然界の中で生き延びている植物は何らかの自衛手段を持っているのです。より複雑な防御機構の例としては、菌に感染した細胞とその周囲の細胞を自ら枯らして被害の拡大を防いだり、揮発性のある成分を分泌して、襲われている虫の天敵を呼び寄せたりする、などのパターンもあります。

一方で、食べる側の虫もやられる一方ではありません。毒を分解、解毒する能力を発達させた種もいます。共進化と言って、植物と虫は熾烈な争いを繰り広げながら生き延びるための進化を遂げてきたのです。

野菜は植物としては奇形

植物が外敵から身を守るために持っている防御機構は、人間に対しても毒になったり、良くない食感や味覚として働いたりする事も多い。たとえば、赤ワインなどに含まれるタンニンは、植物が自己防御のために獲得した代表的な物質です。これを口にすると苦みや渋みを感じることは、よく知られています。

「雑草」と呼ばれている植物の多くは、ヒトには食べられないか、食べても美味しくないものです。食べにくいものが多い中、食べられる数少ないものを選び、長い年月をかけて栽培しやすく改良し、苦みやえぐみを少なく、やわらかく、大きくしたものが現在の「野菜」と呼ばれるものです。品種改良によって、毒を作るエネルギーを栄養や食味成分の生産に振り向けさせているのが野菜なのです。当然、病害虫に対しては非常に弱く、人間の保護なしでは生存し得ません。

「自然に育てれば野菜は病害虫にやられない」という人もいますが、そもそも野菜は自然なものではありません。野菜は人が手をかけなければ自然界では生きていけない、いわば植物の奇形なのです。

「伝統野菜」のウソ

原産地の問題もあります。日本で食べられている野菜の大半は、もともと外国から持ち込まれたものです。図4（次頁参照）から明らかなように、料理の主役級の野菜で日本原産のものは皆無です。

よく「伝統野菜を大切にしよう」と言われますが、持ち込まれた時期の差こそあれ、伝統野菜と言われているものも元々は外国の物です。暑い地域が原産地のものを夏野菜、寒い地域が原産地のものを冬野菜と勝手に呼んで日本で栽培していますが、もともとは日本の気候に合わせて生まれていないものが、ほとんどなのです。

私たちが食べている野菜の祖先は、世界のどこかで自生しており、その場所の気候や、そこに住む様々な生き物との関わりの中で育まれていたものです。それを故郷から遠く離れた場所で改良し、人間の思惑に合わせて育てているのが栽培という行為です。どんなに品種改良や栽培技術を駆使しても、もともと〝無理筋〟のものもあるのです。

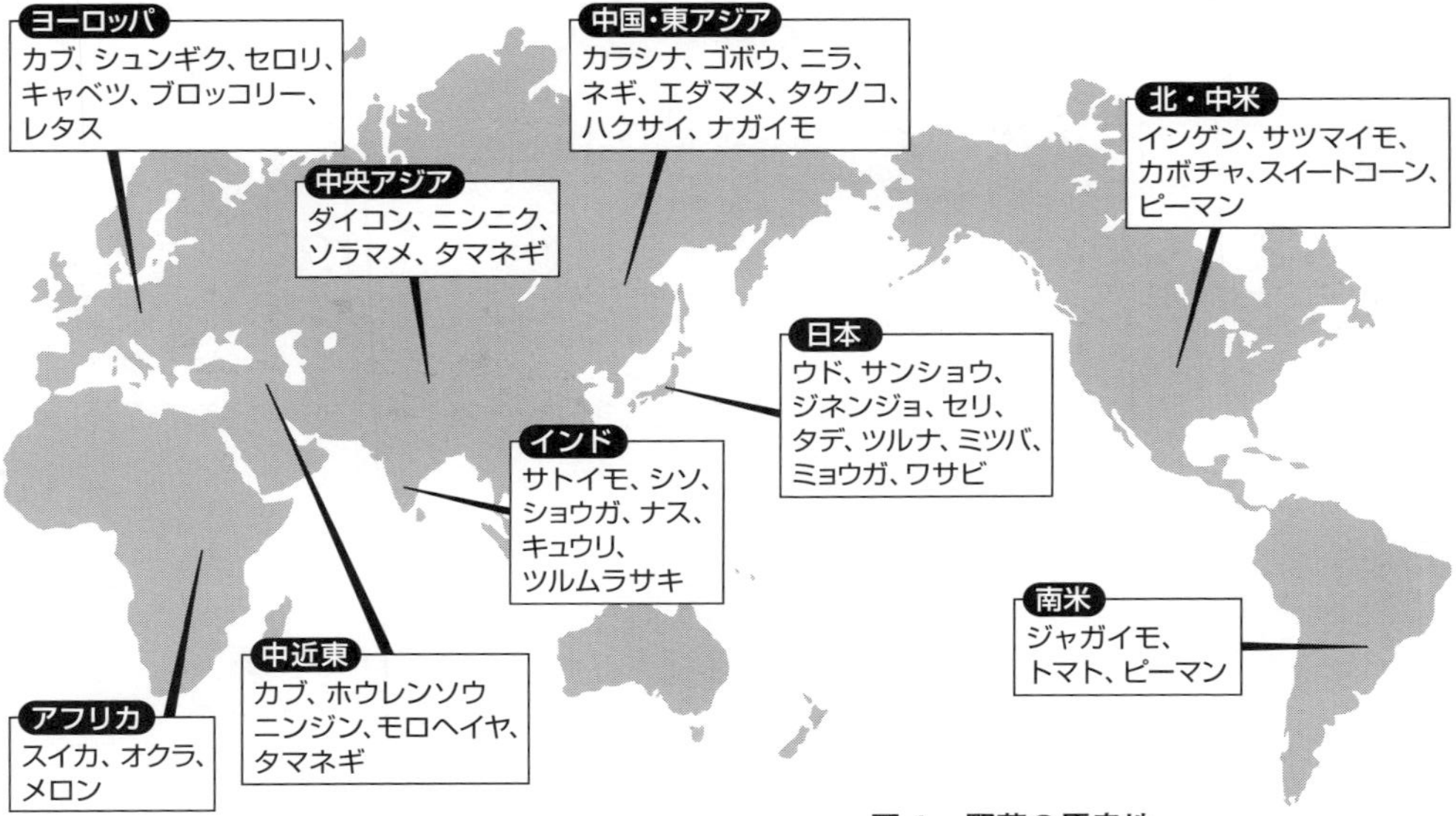
ヨーロッパ
カブ、シュンギク、セロリ、キャベツ、ブロッコリー、レタス
中央アジア
ダイコン、ニンニク、ソラマメ、タマネギ
中国・東アジア
カラシナ、ゴボウ、ニラ、ネギ、エダマメ、タケノコ、ハクサイ、ナガイモ
北・中米
インゲン、サツマイモ、カボチャ、スイートコーン、ピーマン
日本
ウド、サンショウ、ジネンジョ、セリ、タデ、ツルナ、ミツバ、ミョウガ、ワサビ
インド
サトイモ、シソ、ショウガ、ナス、キュウリ、ツルムラサキ
南米
ジャガイモ、トマト、ピーマン
中近東
カブ、ホウレンソウ
ニンジン、モロヘイヤ、タマネギ
アフリカ
スイカ、オクラ、メロン

図４　野菜の原産地

ここを見ずして、どんな栽培方法がより〝自然〟であるかを語るのは全くのナンセンスです。逆に図4で、日本原産の欄にあるミョウガやジネンジョなどは、手を加えなくても栽培ができるものばかりです。気候や土質に合っているので、無理なく育つのです。

防虫の実際

さて、話を有機栽培に戻しましょう。放っておくと病害虫にやられてしまう野菜を、どうやって育てるのでしょうか。慣行栽培では農薬を使って防除しますが、有機農業では基本的に農薬を使いませんので、代わりにいろいろな工夫をして野菜を守ってあげる必要があります。

まずは、虫についてです。野菜を虫から守るてっとり早い手段は、物理的に虫を作物に近づけないことです。たとえば夏秋のキャベツやブロッコリーは放っておくと、あっという間に蝶や蛾の幼虫に食べ尽くされてしまいます。そこで、植え付けと同時に作物を網で囲ってしまうのです。僕は、「防虫ネット」という蚊帳のような網で野菜を覆ってしまいます。

これを怠ると、こんなに悲惨な状況になります（次頁の写真参照）。もう食べるとこ

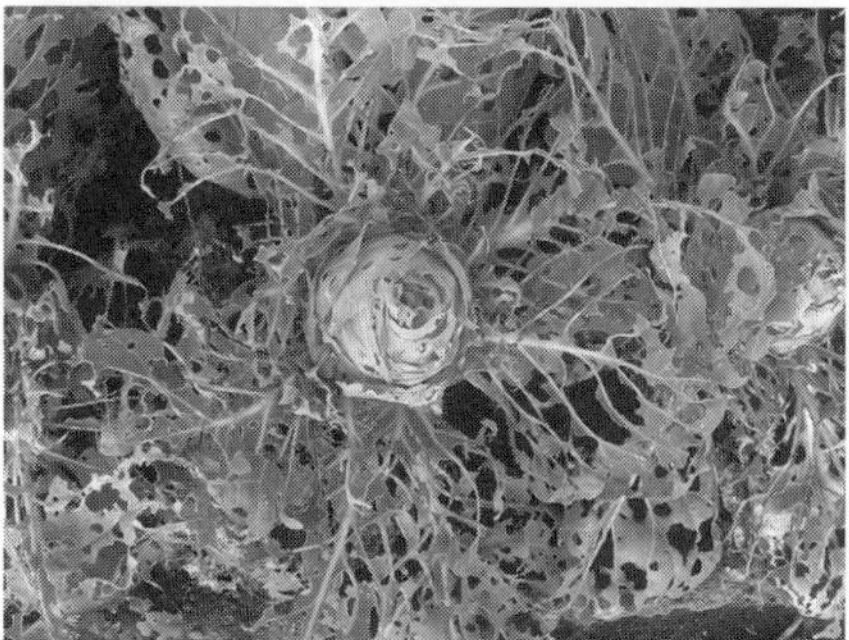

畑に防虫ネット（上）を張り巡らさないと、
野菜はボロボロに（下）

ろがありませんね。

守ってあげなければいけない度合は季節にもよります。虫の活動が弱まる時期ならネットは不要です。関東では冬場がその時期に当たります。また、冷涼な地域では夏でも虫の発生は少ないので、僕のところのように完全に覆ってしまわずとも栽培はできます。虫のつきにくさは野菜の種類によっても違います。一般に、キャベツや白菜などアブラナ科の葉野菜は虫に弱いので、春から秋にかけては何らかのケアが必要ですが、セリ科の人参などは虫にはそれほど食べられません。

このように、気象条件を含む周辺環境や対象となる作物によって虫害のリスクは大きく異なります。防虫ネット以外にもいろいろな農業資材があるので、状況に応じた対策は取れます。家庭菜園のような小面積であれば、害虫を手で取って回る事も可能です。現実的にどこまで守ってあげられるかは、栽培にどれだけコストをかけられるかによるのです。防虫ネットの利用は、手で取るよりは簡便ですが、農薬使用に比べれば手間やコストがかかります。

つまり野菜の虫害を無農薬で防げるかどうかは物理的な方法の可否よりも、経営的にどこまで許容できるかで決まるのです。巷では「無農薬で栽培できる」「いや、できない」という議論が繰り返されていますが、僕から見ると、それは具体的な有機栽培の技術を知らない人による不毛な論争です。栽培上の可否だけで議論するのは無意味で、実際にはどこまで守るためにどこまで手を入れるか、という費用対効果を考えた経営判断なのです。

コンパニオンプランツ

一風変わった病害虫防除の技術にコンパニオンプランツ（共栄作物）というものがあります。種類の違う作物やハーブなどを近くに植えることで、互いの成長にプラスの効果を促す技術です。きゅうりの株元にネギを植えると病気や虫を防ぐ例などが知られています。きゅうりを食べる害虫がネギの匂いを嫌うという物理的な忌避効果や、ネギの根の周りに集まる微生物（根圏微生物）が、きゅうりに取り付く病原菌を抑える働きをするのがコンパニオンプランツのメカニズムだと言われています。

久松農園でも、夏野菜の植え付けの時期にはネギがよく余っているので、トマト、ナス、ズッキーニなどの株元にネギを植えています。

残念ながら、この技術の効果の程は科学的に証明されていない部分もありますし、観察していても正直なところよく分かりません。きゅうりに付くウリハムシという害虫はネギの匂いを嫌うと言われているのですが、ネギの上でウリハムシが交尾しているのを見たこともあります（笑）。僕は、おまじないだと思って半分は遊びでやっています。野菜づくりはうまくいかないことも多々あるので、失敗した時に「やれることはやった」と自分を慰める言い訳としてやっている面もあります。

天敵を利用する

アブラムシを食べるテントウムシなど、自然界には害虫を捕食する天敵昆虫がいます。害虫を食べてくれる虫は栽培する側にとっては益虫。敵の敵は味方です。これら天敵を積極的に栽培に利用する技術があります。

たとえばナスの周りに麦を植えると、麦にいろいろな虫が集まって天敵昆虫の餌場となるため、天敵が繁殖します。天敵が増えればナスについた害虫も食べてくれるというわけです。作物の害虫を呼んでしまっては元も子もないので、上手な組み合わせが研究されています。これは天敵温存植物（バンカープランツ）などと呼ばれる技術で、前述のコンパニオンプランツの一種です。

自然界の天敵を利用するばかりでなく、天敵となる昆虫を農業資材として購入する方法もあります。天敵農薬と呼ばれるもので、害虫を捕食したり、害虫に寄生したりする天敵昆虫が〝農薬〟として販売されています。農業者はこれを購入して害虫の付いてしまった作物に放すわけです。昆虫だけでなく、微生物の働きを利用した生物農薬も存在します。ただし、特定の昆虫を大量に放出すれば、周辺の生き物のバランスを崩しかねません。僕自身は天敵農薬を使ったことはありません。

雑草対策には段取りが必要

関東は雨が多く気温も高いため、すぐに雑草が生えます。特に畑は土手や空き地と違い、肥料が入っているので雑草が旺盛に育ちます。作物が草に埋もれてしまうと日が当たらなくなって上手く育たなかったり、育ったとしても収穫がしづらくなったりしてどうしようもありません。草を防除するため、慣行農業では除草剤という農薬を使います。狙った種類の草が綺麗に枯れてくれるので大変便利なものですが、土の微生物も殺してしまいますので有機農業では使いません。

草対策の基本は手や道具で抜くか、機械除草です。どうすれば草取りがしやすいかを

カバークロップを利用したかぼちゃ畑

常に考えて作物の植え方を工夫しています。作物の列を条と呼びますが、条と条の間は持っている道具や機械に合わせて幅を取っています。そういう段取りをしておけば、タイミングさえ間違えなければ綺麗に草管理をすることができます。もちろん、段取りは完璧でも、手が回らなくて草を生やしてしまうこともあるわけですが……。

面積が広く、頻繁には草取りに入れない作物の畑には「防草シート」という光を通さないシートを敷いて草が生えないようにすることもあります。設置は面倒ですが、一度敷いてしまえばシーズン中は草取りが不要になります。

近年注目されている技術に、カバークロップ（被覆作物）と呼ばれるものがあります。リビングマルチなどとも言われます。麦や大型牧草を作物の間などに生やすことで雑草を抑制するやり方です。作業が楽でコストもそれほどかからない上、景観も良いのでいいことづくしです。もちろん、生き物なので思うように茂ってくれないこともありますが、とても面白いやり方です。

このカバークロップが風除けになったり、天敵利用の項で述べたように天敵の棲家になるという副次効果もあります。

太陽熱マルチ殺草処理

久松農園で最も効果を上げている雑草対策が、太陽熱マルチ殺草処理と言われる技術です。マルチというポリフィルムを夏場に畑に広げ、太陽の熱で表面の雑草の種を焼き殺してしまう、というものです。

たとえば、人参は初期生育が非常に遅いので、草取りをしないとたちまち草に埋もれてしまいます。そこで、あらかじめこの太陽熱処理で草が出ないようにしておき、マルチを除去して人参の種を蒔くと、見事に人参だけが出てくるのです。

太陽熱処理は、農業者の間ではよく知られている技術ですが、特に農薬を使わない農家に有効な利用方法があります。前述のように、殺虫剤を使わない栽培では防虫ネットという網で作物を覆わなくてはなりません。たとえば夏場のキャベツを植えた後は、虫が入り込まないようにネットの裾も土に埋めて野菜を密閉してしまいます。この状態から、土をかけてあるネットの裾を開けてキャベツの間の草取りをして、また埋め戻すという行為を夏の間中繰り返すのは全く現実的ではありません。そこで、この太陽熱処理技術を使ってあらかじめ草を処理しておけば、その後も草はまったく生えませんので、安心してネットをかけてしまうことができるのです。草も虫も多い地域では、防虫ネットの利用と草の処理はセットで考えないといけないのです。

この二つの技術をうまく組み合わせれば、殺虫剤も除草剤も使わずに、慣行農業に遜色ない虫食いのない野菜が育てられます。「高温で虫や有益な微生物も死んでしまうのでは?」と思われるかもしれませんが、移動できる虫はすぐに逃げてしまいます。また、植物病原体の多くが太陽熱処理の温度帯で死滅するのに対して、比較的高温に強い有用微生物は生き残る事が研究で明らかになっています。

ただしもちろん、除草剤の使用が直ちに全ての微生物を殺してしまうわけではありませんし、太陽熱処理も生き物への影響が全くないわけではありません。僕は除草剤を使わない方がベターだと思って有機の手法を採用している、という事です。

多様性が重要

畑の生き物を多様に保つことが、作物を健康に育て、質の高い作物を安定してつくるポイントです。土の中の微生物を含め、いろいろな生き物がいることで畑全体としての生産力が高まり、病害虫に対する抵抗力が高まるからです。有機農業では具体的にどのように生き物の多様性を確保しているのでしょうか？

「多様性が大事なら、病害虫や雑草も排除すべきではないのでは？」と言う方もいらっしゃるでしょう。少し補足すると、ここで言う多様性の確保とはあくまでも野菜の生産という目的にプラスに寄与する範囲の話であって、いわゆる環境保全そのものが目的ではありません。

そもそも、畑というのは人間の都合で自然を改変して野菜をつくっている食料工場です。「手つかずの自然」からは程遠いものです。有機農業の畑といえども、そこに棲む生き物の数や種類は、森林などと比べれば比較にならないくらい貧弱です。一方で野菜は、前に述べたとおり、人が手を加えなければ生きていけない弱い植物です。虫や病気にやられやすく、十分な栄養と日当たりを与えてあげなければならない「わがままな箱入り娘」です。栽培者の目的は「生き物の多様性をうまく利用して、野菜を健康に育てること」であって、「野菜の生育に悪影響があっても、生物の多様性を確保すること」ではないので、利用できる生き物の仕組みは利用しますが、目的の妨げになるものは排除することが必要です。

もちろん農業者の中には、雑草や虫も一切殺さないという立場の人もいます。命の一つ一つが無限の価値を持っているという立場に立てば、野菜の質や収量を落としても生き物を殺すべきではない、という考えも成り立つでしょう。ここで僕が紹介しているやり方は功利主義的なのかもしれません。同じ農業でも、目的と条件によって評価は変わって来るということです。

サッカーの選手がラグビーの選手に「手を使うのは反則だ！」とは言いませんよね。競技の種類が決まらなければ、ルールは決められません。生物多様性の保護にはいろいろなレベルがあり、それによってルールは変わってくるということです。

次頁の写真を見てください。上が一般的な白菜農家の畑。下が久松農園の畑です。違いが分かりますか？　白菜農家の畑には1種類の白菜だけが植えられているのに対し、

一般的な白菜農家の畑（上）と久松農園の畑（下）

久松農園の畑には様々な種類の様々な品種の野菜が時期をずらして植えられています。1種類の作物しかなければ、その作物を好きな菌や虫だけしか住めません。作物の種類が多様であればそれに応じて、生き物の種類も増えていくのです。

そもそも農業というのは、森を切り開き、自然を破壊して、そこに自分たちに都合のいい植物だけを育てている行為です。畑は森林などの自然環境に比べると生物相が単調で、病害虫に対して脆い生態系なのです。そのリスクを、農薬を使うことで回避するのか、他の工夫をするのかというのが慣行農業と有機農業の基本的な考え方の違いです。農薬の使用は、その影響が目的の病害虫のみに留まれば話は別ですが、複雑に張り巡らされた生物のネットワークを通じて生き物のバランスに影響を与え、結果的に畑の生産力を弱めてしまう危険性があります。

畑に住む生き物の種類や数が増えることは生態的な安定につながります。白菜しかない畑では、白菜の病害虫が爆発的に発生してしまう危険性が高いのに対し、多品目栽培の畑では、一つの野菜に病気や虫が発生しても、それが全体に壊滅的なダメージをもたらすリスクは相対的に減ります。

輪作（ローテーション）という方法も取り入れています。次頁の写真は、同じ畑を1

定点観測した畑。上から2006年11月（ニンジン）、
2007年5月（ジャガイモ）、2007年11月（ダイコン）。

年間定点観測したものです。

次々と違う作物が植わっているのが分かりますよね。科を変えていくことで、その作物にとりつく虫や病気が畑に定着するのを防いでいます。寄生主がいなければ、彼らはそこに住み続けることができないからです。作物は単独で存在するのではなく、その環境中の生き物と相互に関係を持ちながら生きています。作物を変えるということは、その畑全体の環境を変えることでもあるのです。

多品目栽培も輪作も生き物の多様性を確保するための手法で、狙うところは同じです。同時空間的にも、時系列的にもいろいろな物が次々に変化していくということが重要です。病害虫をコントロールしているというよりは、のらりくらり逃げ切るという感覚です。

ネットワークの頑健性をもたらすもの

生態系の安定を決めるのは、そこに住む生き物の種類や数だけではありません。系を構成する個々の生き物たちが互いにどういう関係にあるのか、も関わってきます。

人間は自分の作物にデメリットをもたらす虫と、メリットをもたらす虫だけを見て、

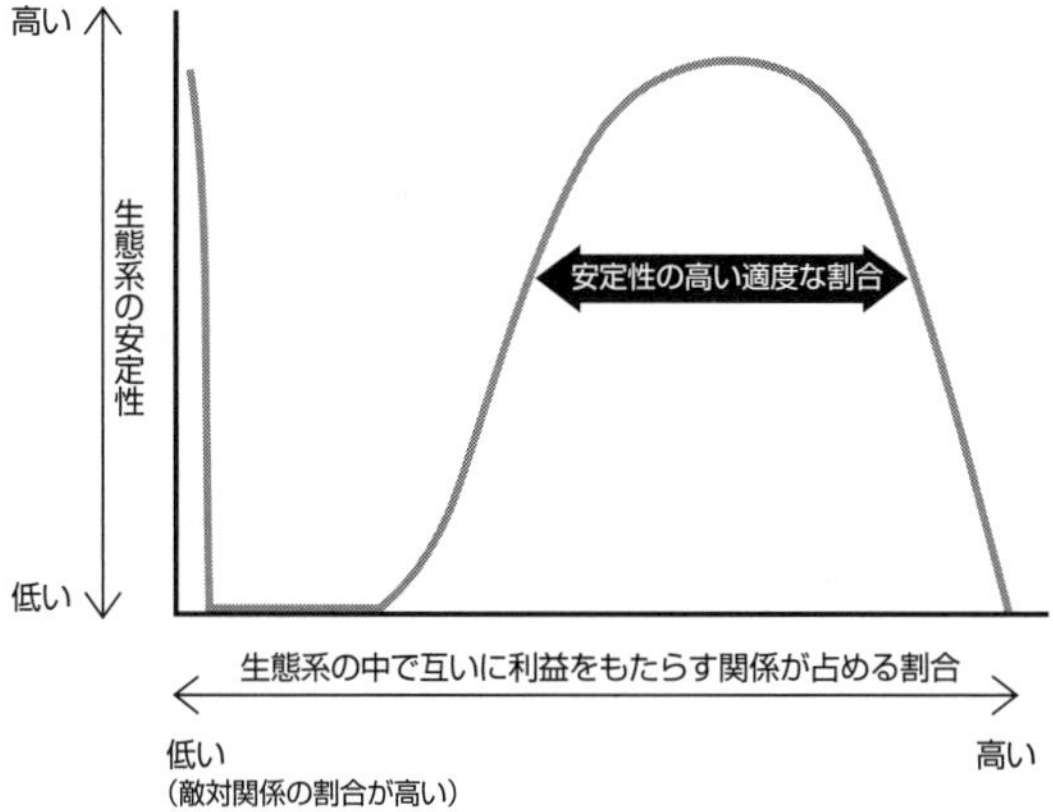

図５　敵対関係と互いに利益を与える関係の比率

（出典：論文「種間関係の多様性が生態系をささえる」舞木昭彦・近藤倫生〔龍谷大学理工学部 環境ソリューション工学科生態マネジメント分野〕をもとに作成）

害虫・益虫という言い方をしますが、実はそれ以外の虫、つまり作物に直接の影響はもたらさない虫の方が種類は圧倒的に多いのです。「農と自然の研究所」の宇根豊氏はこれらを「ただの虫」と呼んでいます。有機の畑と慣行の畑を比較すると、前者にはただの虫が多いことが観察されています。農薬はただの虫を減らしてしまっているわけです。そして、このただの虫の存在がネットワーク全体には極めて重要なのです。

　図５を見て下さい。これはある生態系の安定性と、その系を構成する生物間の関係を示したものです。敵対関係にある種類ばかりで構成されている系も、逆にお互いに利益をもたらす関係にある種類ばかりで構

成されている系も、全体として安定しないのです。

多様性の確保が系全体の安定につながる、というのは農業生態系に限った話ではありません。人間の社会でも想像がつく話ではないでしょうか？　一つのコミュニティーにだけ所属している人は、その中では仲が良くても、そことの関係が崩れると途端に友達を失ってしまうかもしれません。何かが起きた時には、それまでほとんど付き合いのなかった遠い友人がありがたい存在になります。いろいろな関係性を持っていれば、一つの関係が切れても他で救われるということがあります。

畑の生き物は人間に見えない部分で相互に複雑な関係を築いています。それが系全体としての頑健性を生んでいるのです。しなやかでしたたかな生き物のネットワークを利用しない手はない、と僕は思うのです。

労働生産性の低い有機農業

繰り返し述べているように、美味しい野菜をつくる方法は一つではありません。ここで紹介した有機栽培以外にもやり方はたくさんあります。自動車メーカーがそれぞれ独自の生産方式や哲学を持っているのと同様に、農業生産においても数ある手法のどれを選択するかは考え方や好みの問題で、いい悪いではありません。たとえば人為的に栽培環境を一定に保ち、作物の栽培をより繊細にコントロールする水耕栽培や植物工場も優れた農業技術だと思います。これから発展が期待される分野で、そこに関わる人はさらに増えていくでしょう。

僕自身は、生き物の仕組みを利用する有機農業の技術は工夫に満ちた実に面白い試みだと思っています。特に、そのローテクな部分に惹かれます。大量のエネルギーを使うのではなく、もともと生き物が持っている力を上手に利用するところに美しさを感じます。余計なものをそぎ落としたシンプルな機能美が好きなのです。

〝露地での有機栽培〟などというのは、人為的なコントロールが最もしにくい手法です。「なぜ、そんな面倒なやり方を選ぶのか?」と、同業者に驚かれることもあります。しかし生き物を扱っている以上、最後のところは生命力を直接感じる環境の中で仕事をしたい、という思いがあります。地下足袋で土を踏みしめる感覚や、畑全面に色とりどりに広がる作物を吹き抜ける風の匂い。そういう身体的な感覚が、農業を続ける上で僕には重要な要素なのです。手触り感（tangibility）のある技術に美しさを感じるのが、僕の個性なのだと思います。

もちろん、有機農業には弱点もあります。多品目での有機栽培は生物多様性の確保という点では優れていますが、労働生産性は低くなります。少ない品目に特化したほうが、作業性はよくなるし、機械化しやすいのは当たり前です。有機農業は全体として労働集約型（要するに人手が必要）になりやすいので、慣行農業と比べて労働コスト（人件費など）は高くなります。「有機栽培」を謳う野菜の値段が高い主な理由もここにあります。そこに価値を見出してくれる消費者もいれば、「安さ」を求める消費者もいるでしょう。これもまた、どちらが正しいというものでもありません。現状においては、後者のほうが主流だと思います。だから、有機農業は「高い」商品を売っているにもかかわらず、必ずしも儲かるものにはなっていません。

自分の中での価値は、市場価値とはイコールではありません。農業者自身がそこにどんなロマンを見出そうとも、それに見合う市場価値を生み出さなければ経済的に成立しないのは当たり前です。有機農業は、経営的にはハードルが高いビジネスモデルだと言わざるを得ません。

第4章　小規模農家のゲリラ戦

嘘は続かない

栄養価が高く、美味しく、食べる人の健康に資するのが食べ物の役割です。料理の中でも、栄養面でも、野菜には野菜にしか果たせない役割があります。それが野菜の価値です。食べ物である以上安全である事は当然ですが、安全性は野菜の価値の一部に過ぎません。

しかし残念ながら、これまで有機野菜は安全という文脈でのみ語られてきた感が否めません。それは、そのような販売方法が農業者にとっても、流通業者にとっても簡単だったからです。「農薬は体に悪い危険な物だよ。それを使わない有機野菜は安全だよ」という売り方は分かりやすいのです。農薬に不当なレッテルを貼り、それを否定する安易な販売方法に関係者が乗っかった、という構図が見えます。

その結果、何が起きているか。安易な販売方法のツケが回ってきています。消費者はバカではありません。どんなに美辞麗句を並べても、根拠のない安全神話がいつまでも通用するわけがないのです。

「少数の人を長くだますことはできる。大勢の人を一時的にだますことはできる。しかし、大勢の人を長くだますことはできない」という言葉があります。僕もいろいろなところで講演していますが、聴きに来てくださる方とお話しすると、農薬の事をきっちり勉強している賢い消費者が確実に増えているのを実感します。これまでのように、安全な有機野菜という宣伝文句には騙されなくなっているのです。嘘や誇張で商売してきた人たちは、もう生き残れないでしょう。僕は、これを「しっぺ返し」と呼んでいます。

安全で売るのは2周遅れ

そもそも価値の一部でしかない安全性に特化して有機野菜を売れば、販売側にとっても十分なプレミアムが得られない事は明白です。

つまり、有機野菜を安全だけで売るのは、

①事実に反する
②売り方としても下手
ということです。

僕は安全だけで有機野菜を売る人たちを〝2周遅れ〟だと言っています。そんなことを言っているから、いわゆる有機農業者の集まりからはお呼びがかからないのですが（笑）。

畑から玄関までが有機農業

野菜をつくって売る目的は人それぞれです。誰もつくっていない時期にスイカをつくって高値で売ることに情熱を燃やす人もいます。限界までコストダウンをはかり、できるだけ安いレタスを市場に供給する努力をする人もいます。

僕の野菜づくりの目的は、美味しい野菜でお客さんに感動してもらうことです。栽培から販売までのすべてが、そこに向かって組み立てられています。既に述べた通り、美味しさの三つの前提条件が栽培時期、品種、鮮度ですから、僕がすべきは「適した時期に、適した品種を健康に育て、鮮度良く届ける」ことです。そのために選んだのが、消費者直販の有機農業という道でした。

栽培方法をどんなに工夫して、美味しい野菜ができたとしても、お客さんに届くまでの管理や時間で台無しになるケースもあります。僕にとっては、いい物を責任を持ってお届けするには自分で直接販売する、ということが不可欠です。有機農業は栽培のことだけを見ていてもダメです。僕は「畑から玄関までが有機農業」だと言っています。畑のことだけでなく、どんなパッケージで、いかにいい状態でお客様に届けるかまでをコントロールできてはじめて有機農業をする意味がある、と考えているからです。売ることとつくることは一体なのです。

誰に褒められたいのか?

「そもそも誰に褒められたいのか?」が販売を考える出発点になります。「俺の野菜は日本一!」という農業者に何人も会った事があります。その心意気はすばらしいのですが、何をもって、誰にとっての日本一かが重要です。総理大臣賞? 東京都知事賞?

そういう賞を取るのが大変なこともわかりますが、諸先輩方に怒られてしまうことを承知で言えば、僕にはそういう日本一は〝仲間に褒められたい野菜づくり〟に思えるのです。プロの技術者として、専門家の目に適《かな》う品質を目指すのはいい事ですが、それが食べる人にとっての価値になっていなければ、ただの自己満足になってしまいます。

栽培方法にどれだけこだわっているか、というのはお客さんには直接は関係がない事です。自動車のセールスマンが、「この車、こだわりの溶接機械でつくったんです。すごいでしょう！」とは言いませんよね。つくり手の思いは大切ですが、つくり手にとっての〝一級品〟が食べ手にとって一級品であるかは別問題です。別な言い方をすれば、仲間に褒められたくてつくっている野菜には、お客さんは感心はしても感動はしないということです。

ところが、農業界はマーケットレビューより、仲間内での評価が先行する社会＝ピアレビュー社会になっている、と感じることが多いのです。

いい物かどうかはお客さんが決める事だ、と思います。特に、食べ物や音楽など官能に訴える物は、毎回同じように正確に判断する類いの物ではありません。現代は多様化の時代です。食糧難の時代ならいざ知らず、物が行き渡った今、人々の好みは十人十色です。さらに、同じ人でも野菜に求めるものは状況やシーンによって大きく変わります。そんな中で「この作り方が一番」などと押し付けることには意味がないし、売り方としても有効だとは思えません。

もちろん、いい物かどうかはお客さんが決める、といっても市場の傾向を全面的に肯定しているわけではありません。1円でも安い野菜を消費者が求める結果、全体が安かろう悪かろうに引きずられていくのは決して好ましいことではありません。

しかし、農産物流通の構造的な問題もあって、お客さんのことなど考えずに、市場にモノを「出荷」しているだけという農業者が多いことも事実です。「荷」を下ろすところで仕事が終わってしまい、消費者と話をする機会もなければ、直接クレームを受けることもありません。そのような中では、お客さん不在の評価基準が先行しがちです。

賞を取るような農業者は、おそらく高いレベルの栽培技術を持っているのでしょう。技術者にとって、「俺の野菜が一番」というプライドが大切なことも理解しています。ただ、その技術の向かう方向がお客さんの満足に貢献していなければ、ただの独りよがりです。モノが売れない低成長の時代に生き残っていくためにも、お客さんに褒められたい、という意識をもっと強く持ってもいいのではないでしょうか？

中田選手の正論

元プロサッカー選手の中田英寿さんとお会いした事があります。中田さんは日本中を旅して、日本の文化や農を再発見する活動をされています。モノはいいのにどうして売れないのか、についての話の中で、日本人のものづくりについて印象的なお話をされていました。

曰《いわ》く、日本人は何でも〝道〟にしてしまう。武士道や茶道、華道に始まり、はては野球道などなど。一つのことをとことん追求していくのは質の向上にはいいことだし、現場のカイゼン主義で進化を続けるのは日本人の良さだ。しかし、このやり方ではものづくりに終わりがない。最後はカイゼンのためのカイゼンに陥り、どうでもいいような細かいところをほじくるようになってしまう。対して、欧米のものづくりは先にゴールを決めて始めるのですぐに完成する。その後は、それを売る事に経営資源を集中できるので、ブランディングも上手いし、モノが広く評価される。

大事な事を言い当てておられる、と思います。日本では清貧な匠の職人が尊ばれ、モノを売るという行為は一段下の扱いを受ける傾向があります。しかし買い手に何らかの価値を提供し、受け入れられなければ、技術そのものが存続しません。しかも、市場は常に変化します。ある時代に広く受け入れられたものでも、その後十年二十年と安定して売れ続ける、という事はまずありません。いい物であればなおさら、それをどう売るのかに力を注がなければ仕事は成り立たないのです。農業も例外ではありません。言うまでもなく、農業技術は食べる人との関係の中で初めて意味を持つものなのです。

答えはお客さんが教えてくれる

僕はつくった野菜を直接、お客さんに販売しています。この方法には、いい点と悪い点があります。いい点は、つくった野菜を鮮度よく届けられることです。間に流通業者や小売店が入ることによって余計な時間が取られることを避けられます。必要な分だけを収穫して、畑から直接宅配便で発送するのですから、鮮度はいいに決まっています。詰め替えなどで動かされないので傷みも少ない。お客さんとのコミュニケーションも密に取れます。

変わった野菜でも食べ方の工夫やレシピと共にお届けできるので、流通規格に縛られずにいい物を提供できます。当然、「美味しかった」という声も、「美味しくなかった」というクレームもダイレクトに届きます。

悪い点は、出荷の効率の悪さです。手間がかかるので、たくさんの数をこなすことはできません。畑仕事と事務作業はリズムが違うので、両方するのは難しいということもあります。家に帰って足袋を脱いで着替えてファクスを一本打つ、というのがどれだけ面倒かは、外仕事をしている方なら分かって頂けるでしょう。

直販農業は飲食店で言えば、カウンターのみのお寿司屋さんのようなものです。「今日はウニがいいよ！」などと話をしながら、じっくり一人一人のお客さんと向き合える良さ。そのぶん、数をこなすことはできません。回転率で利益を上げるタイプの商売ではないのです。

お客さんの声がダイレクトに届く、というのはモノやサービスの質の向上に決定的にプラスに働きます。喜んでもらえれば、次回はその品種を増やそうと思いますし、逆に受けが悪ければ軌道修正します。喜んでもらえなかったときは特に、来年はリベンジしてやろうとムキになります。収穫の時も袋詰めの時も、何とか喜ばせてやろうとお客さんの顔を思い浮かべながら仕事をするわけです。直販農業で重要なのは、このフィードバックが繰り返されることです。つくり手から食べ手への一方通行ではなく、反応を聞いて、修正して、そこにまたお客さんが反応してというＰＤＣＡサイクル〔計画〔Plan〕・行動〔Do〕・点検〔Check〕・改善〔Act〕のサイクル〕がグルグル回っているわけです。これで野菜がよくならないはずがありません。マーケティングに長《た》けた人はお客さんが何を求めているのかを事前に察知できるのかもしれませんが、僕にはそういうセンスがまったくありませんので、どうしたらいいかは食べ手から自然に教わっています。

既存の農家の方から、「つくる事はできるけど、どうやって売ったらいいのか分からない」と言われますが、売り方が分からない人こそ直販に向いているのです。逆説的に聞こえるでしょうが、事実です。答えはお客さんが持っているのですから。

ただし、自分が何をどういう風につくっているのかを把握し、言葉にできる事は前提です。タネ屋さんで「何でもいいから大根のタネ見繕って」とか、「今売れるモノって何?」などと言っているような農家には直販は難しいかもしれません。

土づくりから販売まで

通常の農家、すなわち市場出荷の野菜農家は、決められた規格の野菜を、狙った時期にどれだけ生産できるかの勝負になります。栽培と収穫の部分の精度を高めることで収益を確保するやり方です。そこに特化して効率化できるのが強みです。

一方、直販型農業では、お客さんの要望を満たす目的のために計画を立て、栽培し、それを届けてお金を回収し、また要望を聞く、というところまでが仕事の範囲です。規模は小さいですが、このサイクルすべてに関与できるのが直販の強みです。

直販農業は集中と効率化がしにくい分、問題解決の幅が広いのがメリットです。栽培から販売まで手がけているので、いろいろな手が打てるのです。たとえば、揃いが悪く収量も低いが味がいい野菜を、それを望むお客さんにピンポイントで届ける、というのは栽培面でのハンディを販売でカバーしている例です。こういうやり方をしている農業者は少数派です。購買層の多いボリュームゾーンへのアプローチではなく、焦点を絞り込んだニッチ戦略です。

たとえば飲食店は、料理のジャンルやメニューによって、同じ野菜でも使いたい大きさが異なります。「ズッキーニを縦に割って器のように使うので、このくらいの大きさの物が欲しい」と言われれば、僕ならそれに合わせて何日か前から準備をして、イメージ通りの大きさで収穫することも可能です。こういう事は大規模な市場出荷の農家にはまずできませんし、面倒でやりたいと思わないでしょう。だからこそ個人でも生き残る余地があるし、大手が手を出さないお客さんを深く撃つ事ができるのです。

生産から販売まで手がける、というのはいい事ばかりではありません。生産と販売の両輪が嚙み合ない時もあるからです。

野菜づくりには端境期《はざかいき》という品薄の時期があります。冬野菜と春野菜が入れ替わる時期の事で、この時期はどうしても品薄になります。茨城には「馬の2月、人の4月」という言葉があります。馬にとっては草が生えなくなる極寒の2月が一番厳しい時で、人にとっては端境期の4月の畑が一番寂しい、という意味です。僕のようにビニールハウスをほとんど使わない農業者はなおさら出荷物がありません。この時期が旬になる品目が少ないので、品揃えのためには春野菜を保温資材で早めるか、冬野菜を貯蔵その他で引っ張るかしかありません。どちらにしても、ある程度の無理をした栽培になります。無理をするという事は、技術的に難易度が高く、たとえうまく行っても最高の品質にはなりにくいのです。

お客さんの事を考えなければ、つくりたい時期にだけつくればいいのですが、待っている方がいると、そうもいきません。そもそも、何も売らないのでは商売になりません。そのため久松農園では栽培を工夫するほか、人参ジュースやパスタなど加工品をつくって、その時期を乗り切っています。何年経っても頭が痛い季節ではありますが……。

合成繊維メーカーの営業マンをしていた頃、当時の上司から「商社とメーカーの営業の違いをよく考えて仕事をしろ」と何度も言われました。販売金額に対するマージンで食べている商社は常にモノが流れている事を希望するのに対し、メーカーは出したい時と出したくない時がある、というのが僕の理解です。ビジネスパートナーの立場も尊重しつつ、生産と販売を上手にコントロールするのはメーカーの営業マンの醍醐味です。

これは流通業と農業者の関係にも当てはまる話で、このあたりのせめぎ合いはどこの業界にもあるものです。せめぎ合いがあるから、つくり手も工夫をします。大変ですが、その結果得られるものも大きいので、時には利益が相反する生産と販売を両方持っていて良かった、と思う事もしばしばです。つくりっぱなし、売りっぱなしではなく、販売を考えて生産をコントロールする、生産の状況を見て販売を加減する、というのは仕事としても面白く、上手くハマった時の喜びは他に代えがたいものがあります。また、消費者直販をしていなければ、お客さんからのダイレクトな反応も得られなかったでしょうから、今ほど品種にこだわることもなく、ひょっとしたら美味しさの三要素にも気づかなかったかもしれません。

大切な友人の結婚式に、僕の野菜を使ってもらったことがあります。その時は何ヶ月も前から式場の料理長の方と打ち合わせや試作をし、品目を入れ替えながら当日を迎えることができました。晴れの舞台に野菜で貢献できたのは百姓冥利に尽きます。栽培の難しい時期があっても、いろいろな品目を周年で育てているからこういうニーズにも応えられます。出したくない時に出さない、というのは楽かもしれませんが、一番大事なお客さんから逃げている気もするのです。

大規模化だけでいいのか?

「日本の農業は諸外国に比べて平均耕地面積が小さく、効率が悪い。大規模化・機械化・効率化を進めて農業を国際競争力のある成長産業にすべきだ」という意見をよく目にします。僕自身も、今の日本の農業には構造改革が必要だと思っています。しかし、大規模化だけが解決策なのでしょうか? そういうやり方が有効な対象もあるだろうが、全てではない、というのが僕の意見です。

他の業界に置き換えて考えてみて下さい。「飲食業は個人経営で小規模なお店が多く、効率が悪い。やる気のある経営者に資源を集中して大規模化を進め、外資のチェーンに対抗する強い日本の飲食業を！」と政府が言い出したら、多くの消費者は、余計な事はしないでくれ！　と思うでしょう。

農業の世界でも、専門化・分業化は進んでいます。農産物は生産のサイクルが作物によっていろいろです。果樹のように何十年にわたって収穫が続くものもあれば、種まきから収穫まで1週間足らずしかかからない、もやしのような特殊なものもあります。規模拡大を考えた場合、サイクルの異なる種類の物を同時に育てるのは効率が悪いので、少ない種類に特化した方が合理的です。

たとえば、ほうれん草や小松菜などの葉物の栽培は生産サイクルが短い作物の代表例です。この分野では効率化のために水耕栽培も盛んです。温室の中で、植物の生長に必要な養分を溶かした水（培養液）の上に穴の開いたスポンジ培地がずらっと置かれており、そこにタネを落として、大きくなったらスポッと抜いて袋詰めします。こういうタイプの農業では、何種類かの葉物に特化し、年20回以上の高回転で効率的なオペレーションを行います。特化する事で、きめ細かい栽培のコントロールや作業の標準化ができるため、大規模化が可能になります。周年で安定した量の出荷が可能なので、スーパーや直売所等で重宝されます。消費者がスーパーに行けばいつでも葉物野菜が買えるのは、こういう生産者がいるからです。

逆に、規模の小さい農業が得意な分野もあります。一般に出回っている物では満足しないお客さんのニーズを満たす事は大手にはできないからです。いろいろな種類のイタリア野菜を揃えている農家や、自分の野菜で手づくりの漬け物をつくっている農家などが、これに当たります。小規模多品目の有機農業も、この範疇に入ります。経営規模としてはごく小さく、多くは1人から数名の家族経営です。生産効率が悪く、出荷量は少ないですが、効率化した農業者が対象にしていないニッチ市場を埋めるのは、こういう小さい農業者たちです。

具体的な例を一つ挙げましょう。久松農園は数十軒の飲食店に、野菜を直接お届けしています。取引して下さっているお店はどこも小規模で特徴のあるお店が多く、皆さん大変魅力的です。お店のオーナーさんや料理人の方が揃っておっしゃるのは、「美味しくて鮮度のいい野菜や、変わった野菜、面白い野菜をちゃんとした値段で買いたいのに、入手する手段がない」ということです。収穫期が短くてつくりにくいが抜群に甘くて美味しい「みさきキャベツ」の栽培や、普通は収穫しない小さめの葉物を根っこごと抜き取ってサラダ用に出荷する、といった細かい芸当は僕たちの得意とする分野です。そういう珍しい野菜やネタを山ほど持っています。

幸い、お届けしている野菜にはご満足頂いているようです。しかし、僕たちは全体から見れば非常に変わった事をやっている農業者です。年間50品目以上の野菜を有機栽培して直販している、などというのは変態の部類に入るでしょう。

規模の小さい飲食店一軒一軒が買って下さる量は、それほど多くはありません。しかし、品質に見合う代価は頂けますので、取引先を増やせば十分採算が取れます。強いニーズがあって、きちんと組み立てれば経営も成り立つ事が明らかなのに、それをしないのは農業界の怠慢以外の何ものでもありません。業者さんから買う特徴のない野菜と、僕らのような変態から買う野菜の中間がないという現状は、あまりにも寂しいと思います。

市場は「変態」を求めている

かつては、スタンダードな野菜がいつでも食卓に上る事が豊かだ、とされていました。そういう時代には、生産コストを極力下げて、安価でそこそこの野菜をいかに効率よく都会に「流す」か、が産地に求められていました。今後も、そのような需要は一定量は続くと思います。しかし、低成長下で基本的にモノが売れなくなった今、フツーの野菜をフツーにつくるだけで満足してくれるお客さんばかりではありません。フツーの物はもう行き渡ってしまったのです。それでは飽き足りない人たちが、たくさんいます。

先の飲食店の例もそうですが、びっくり、ドキドキ、ワクワクがあるからこそ食卓は豊かで楽しいものになるのだと思います。農業者の側から言っても、既存の枠に囚《とら》われない新しいスタイルがないと、新しい人材を呼び入れる事ができません。今どき農業をやろうなどという若者は、基本的には変わり者です。人生をかけて何か変わったことをやってやろうという若者に、今まで通りのやり方から選ぶしかないよ、などと言えるでしょうか？　僕はやはり、「誰もやらない面白いことを一緒にやろうよ！」と言いたいのです。

高いスキルはなくてもいい

僕たちは地域の中でも変わった事をやっているので、近所の農家から「君たちは何をやっているの？」と聞かれる事があります。「無農薬で、たくさんの種類の野菜を、消費者に直接売っています」と答えると、皆さん顔をしかめて「そんな面倒なこと自分にはとてもできないよ」とおっしゃいます。それを聞くたびに僕は内心、「よかった。あと3年くらいは食って行けるかもしれない」と思うのです。

僕たちには高い栽培技術はありません。旬の時期に、つくりやすい品種を選んでつくっているのですから、最も技術の要らない栽培方法だと言えます。僕は、自分のやっている事は「巨大な家庭菜園」だと言っています。ちょっと野菜づくりの上手なおじさんがこまめに手をかけて、いろんな野菜をつくっている、というノリの栽培を、大きな面積に拡大しているだけの話です。ですから、真剣に真似しようと思えば栽培そのものは誰にでもできます。それなのに、なぜやっていけるのか？　それは他の農家、特に大手が手をつけない面倒な部分を引き受けているからです。

具体的にやっていることは極めてシンプルです。

「適した時期に、適した品種を健康に育て、鮮度よく届ける」。栽培から販売までの全てが、このコンセプトに沿って組み立てられています。

たとえば、品種の選択です。美味しくてつくりやすい品種であれば、最新の品種から昔の品種まで、日本のものから外国のものまで節操なく使います。こだわりは何もありません。収量や耐病性は高い方がいいですが、味を犠牲にしてまで、それらを重視する事はありません。

前述のように、鮮度も大切にしています。生鮮野菜は完全受注収穫です。出荷日に合わせて、必要な量だけを収穫します。出荷量が多い農家では、ある程度採り貯めて冷蔵庫で保管しながら出荷することもありますが、僕たちはそれをしません。収穫の時間帯や包装資材にも気を使っているので、宅配便で届く状態は一般の流通より格段にいいと思います。当然、お客さんに届いた後も持ちがいいので、ロスが少なくなります。

これらは基本的には生産・出荷の効率を落とすやり方です。そこまでの鮮度管理や味を、売り先から求められない生産者にとっては無駄な事かもしれません。だから、多くの農家は「そんな面倒なことはできない」という感想になるわけです。お客さんのために引き受けている「面倒」が結果的に参入障壁になり、簡単には真似されない居場所の確保につながっているのです。

小規模有機農業者の生き残り戦略

とはいえ、経営基盤の弱い小規模農業が生き残るのは大変です。ここでは久松農園を例に、どうすれば零細農業がその良さを生かし、生き延びられるかを考えてみたいと思います。

言い切ってしまいますが、新規で農業をやるというのは、そもそもが無謀な挑戦です。制度そのものが新規参入者に開かれていないのですから。最近でこそ少しずつ門戸が開かれてきましたが、僕が就農した１９９８年頃は、積極的に新規参入者を受け入れている自治体は少数派でした。ここ茨城県にも相談窓口は設けられていましたが、電話をかけてみると、「いやぁ、農業県なんだけど、新規ってのは、ほとんど例がないんですよね」とケンもホロロでした。その担当者は新規就農支援の制度すら、ご存知なかったんですね。

新規就農者は土地もお金も家も技術も設備もない、というマイナスからのスタートです。まずは既存の農家と同じ事をやっていたら追いつけない、という認識が必要です。これは当たり前ですが、結構大事な点です。僕も最初は、「そのうち土地を買って、最高の栽培技術を身につけて」と考えていましたが、途中で諦めました。

「不利な条件は永遠に払拭されない事を受け入れる」――これを前提にしないと戦略は立てられません。

ここからの話を貫くキーワードは「弱者の戦略」です。規模が小さいこと、土地も労働力もお金も技術も知名度もないことを認め、それを克服するのではなく、前提にして戦略を組み立てるのです。僕が強調したいのは、規模の大きな経営体や大産地とは正面から戦わないやり方もある、ということです。大手が正規軍だとすれば、小規模有機農業者はゲリラです。久松農園流ゲリラ戦の戦い方をご紹介しましょう。

僕の考える小さい有機農家の戦略は、次の三つです。

① **安売りの土俵に乗らない**
② **引っかかりは多い方がいい**
③ **手持ちの武器で戦う**

それぞれを見ていきましょう。

安売りの土俵に乗らない

小規模・多品目・直販・有機。いずれの要素も生産効率が悪そうですよね。当然です。そもそも栽培の合理性から組み立てた経営ではないのですから。つまり、コスト高は前提になります。もちろん、生産性を上げる努力は怠りませんが、先に紹介したような効率化を追求した栽培にはコストで勝てるわけがありません。

したがって、価格の安さで戦いを挑むべきではありません。もちろん、商品に見合わないような高い価格を付けるのは論外ですが、安売り合戦に参戦しても勝算はない。消耗戦の末、大手に破れる事は自明です。

栽培方法に縛りの少ない慣行農法なら、品質はそれほどではないが価格も安くする「安かろう悪かろう路線」を取る事もできますし、そこそこの品質を安めの価格で提供する「コスパ路線」を取る事もできます。しかし基本的にコスト高な有機農業では、取れるポジションは「高品質・高価格路線」に偏っています。

「有機農産物を高級品にするのではなく、安価に提供したいんだ」という有機農業者によく会います。気持ちは分かるし、不可能だとは思いませんが、その方向性でやりたいなら有機ではなく他の栽培方法を選択した方が合理的だと思います。つまり、有機という栽培方法を選択する時点で、好むと好まざるとにかかわらず、ある程度高品質・高価格路線を取らざるを得ないというのが僕の意見です。

安売りの土俵に乗らない理由はもう一つあります。自分たちの商品を支持してくれるお客さんを探すためです。たとえば、1円でも安い野菜を買うためにスーパーのチラシをマメにチェックしているタイプのお客さんは、たまたま自分の野菜を買ってくれたとしても、もっと安いものが見つかれば、そちらを選んでしまうでしょう。そういうお客さんに対しては、一定以上価格を下げられない有機農業は不利です。高品質の物をつくっていきたいのであれば、そういうお客さんを追いかけても叶わぬ恋となる可能性が高いのです。京セラの稲盛和夫さんは「値決めこそ経営」とおっしゃっていますが、やや傲慢な言い方をすれば、価格を決める事は結果的に、自分たちの商品の価値を分かってくれる客筋を見極めることにつながると思います。

「今の時代、安くなければ売れないじゃないか」という反論もあるでしょう。メディアでも商品の競争力は価格が主であるかのような論調が目立ちますが、僕はそうは思いません。競争力とは総合満足度のことだと思っています。大きな金額を動かさなければならない大きな経営体は、ある程度ボリュームゾーン（一番購買力のある層）を狙わざるを得ませんが、小さい規模ならば、大手が拾いきれないコアなお客さんを総合満足度で上回る事が可能です。そのためにも意図的に、安売りの土俵にのぼるのを避けることが大事です。

引っかかりは多い方がいい

僕の野菜を買っているお客さんは、どんな理由で支持してくれているのでしょうか？無農薬だということを評価してくれる人もいます。家まで宅配してくれて便利だ、という人もいます。美味しさで支持してくれる人もいます。僕への義理で買ってくれる人もいます。ほとんどの方は、こういったいくつかの理由の組み合わせで買ってくれているのだと思います。

農産物に限らず、僕はこういう「引っかかり」が多いのが強い商品だと信じています。有機農業者の中には「大変な思いをして無農薬で野菜をつくっているのだから、その価値を分かってくれる人にだけ売りたい」という人も多いですが、僕はその意見には与《くみ》しません。1000人に1人、10000人に1人にしか買ってもらえないニッチな商品だからこそ、たくさんの引っかかりを持って数多くのお客さんに投げかける必要があると思うのです。

音楽家の坂本龍一さんが、1987年公開の映画『ラストエンペラー』でアカデミー賞作曲賞を受賞した際のインタビューで、こんな趣旨の発言をしていました。

「同じ100万枚のレコードを売るなら、日本でマスに対して100万枚売るよりも、10カ国の音楽好きの10万人にアピールした方がずっと効率的だ」

よく分かります。逆説的ですが、コアな客層相手のビジネスが成立するためには、大きな分母＝広い市場を対象にする必要があります。坂本龍一さんは世界的に知られるミュージシャンになったからこそ、よりマニアックな、クオリティーを重視した音楽づくりができるのだと思います。

話を有機農業に戻しましょう。「有機JASや特別栽培の認証を取って、一般の野菜との差別化を図れ！」とよく言われますが、果たしてそうでしょうか？　そういうやり方もあっていいと思いますが、小規模農業者はそれでは弱いと思います。自分の野菜に有機マークを貼るのは、あくまでも特徴のない一般の野菜に対しての差別化です。それは強力だけれども一つの引っかかりでしかないのです。〝有機〟というくくりの中でのコスト競争に巻き込まれれば、小規模農業者は太刀打ちできません。

また、一つの特徴に頼るのは環境の変化に弱い、という点も見過ごせません。「無農薬で安全」だけに頼った販売をしていると、先に述べたように農薬は危険な物ではないことが分かってしまった時点で商品の売りを失ってしまいます。長く続けていくには、ちょっとリスクの高い方法に見えます。

分かってくれる人にだけ分かってもらえればいい、ではなく、お客さんが評価してくれる特徴は積極的に数多く打ち出していくことが重要です。特徴をいろいろ打ち出すのもまた、生産ロットの大きい大手には苦手な部分だからです。

手持ちの武器で戦う

畑が足りない、お金が足りないという不満を抱えている農業者は少なくありません。栽培技術も然《しか》り。就農してずいぶん経つ僕も、十分な技術が身についたとは思っていません。15年経っても、一つ山を登ったと思うとまた次の山が見える、を繰り返しています。

ただ、この点についてはこんな風に割り切っています。そもそもお金も技術も十分、と思える日なんて来ない、と。どこまで行っても自分より有利な条件に恵まれている人はたくさんいます。では、自分には勝算がないのでしょうか？　そんなことはありません。

東京ヤクルトスワローズの宮本慎也選手は、入団してまもなく野村克也監督から「二流の超一流になれ」と言われたそうです。自分は努力してもホームランを30本打てる選手にはなれない。しかし、ずば抜けた素質や体格に恵まれた選手ではなくても、野球理論を極め、努力を積み重ねれば、チームに必要とされる選手になることができる。その言葉を聞いて、プロとしての生きる道が見えたと言います。

農業においても、最低限身につけるべき技術や揃えるべき設備さえクリアしていれば、今持っている物、置かれている状況でできる事が必ずあります。全てが揃うまで待つ必要はないし、待つべきでもありません。就農を検討している人がよく「自分にはまだ農業を始めるだけの準備ができていない」と言います。僕が彼らに返す言葉は、「では準備万端だと思える日が死ぬまで来なかったらどうする?」です。持っていない物を数えていけばキリがありません。それよりも持っている物を数えて、それをどう使うかを考えた方が早いと思います。

久松農園では美味しい野菜をつくっていると思います。しかし、同じ事に取り組んでいる農家はたくさんいますし、多くの農業者は技術も労働力も資金力も僕たちより上です。その中で「僕たちにしかない本当の強みは何か?」を考えれば、発信力とネットワーク力です。農産物を出荷するだけでなく、僕たちが熱くなっていること、面白いことを伝えることに力を入れています。「不完全だけど、これが今のベストなんだ！」というありのままを晒せるのが僕らの強みです。僕は子供の頃から「口から先に生まれた」と揶揄されて来ましたが、結局、今でもそこに頼って仕事をしています。弱みも強みに変えられるのです。日本一甘いトマトをつくる農家や日本一収量の高い農家にはなれませんが、日本一しゃべれる農家にはなれるかもしれません。手持ちの武器がそれしかないので、開き直ってそれを使っているのです。

ＩＴは小規模農家の味方

伝える事も農業、という話をしましたが、言葉を伝えるツールはどんどん発達しています。中でもインターネットは、小規模な経営体が低コストで情報発信をするのに強力な武器です。概念上でしか存在し得なかった個人ブランディングが実際に可能な時代になりました。それどころか、小回りが利く小さいプレイヤーの方が有利な場面すらあるのです。

僕はインターネットへの対応は決して早い方ではありませんでした。本格的に情報発信を始めたのは２００６年です。アメリカでは２０００年代前半からブロガーが活躍していましたし、日本でも2006年にはブログの利用者が2500万人を超えていました。僕が就農してまもない頃から、積極的な情報発信を行っていた同業者はたくさんいますので、僕自身は、いわゆる初期採用者（アーリー・アダプター）ではないことを最初にお断りしておきます。

趣味の日記としてブログを始めたのですが、続けていくうちに反響が出てきました。離れた地域の農業者との技術交流もできましたし、ブログを通じて野菜のお客さんになって下さった消費者や飲食店の方もたくさんいらっしゃいます。

さらに、メディアの取材依頼が来るようになりました。記者の方は、結構インターネットでネタ探しをしているので、ネットでの発信は有効です。原稿や講演の依頼も頂くようになりました。農業を始めるまでは、もちろん講演などした事はありませんが、人前でプレゼンができる農業者は非常に少ないので、今では講演の仕事をたくさん頂くようになりました。業界にそういう人材が少ない、というのはあまり喜ばしいこととは言えませんが、僕自身にとってはありがたいことです。

公開するということ

２０１０年頃からはソーシャルメディアが一気に花開きました。これは個人のネットでの情報発信力を大きく加速する動きです。２００９年頃、講演の最中に話している内容を、ツイッターで〝実況〟される体験をしました。それまでは目の前の人にだけ非公開で話しているつもりでいたのですが、ソーシャルメディアやスマートフォンの普及で、情報の公開範囲をコントロールする事はできなくなったのを痛感しました。「ここだけの話」というのは、もう不可能です。最初は戸惑いもありましたが、慣れてしまえば自分の発言を人がタダで広めてくれるのはありがたい事ですし、以前とは桁違いに多くの人とネットワークを築く事ができます。間違った事を発信してしまうことを懸念する人も多いですが、間違ったら訂正して謝ればいいだけの話です。ものごとを隠せると思うから歪みが出るのです。

今は全てがオープンになっているので、嘘を言っても、従業員をイジめてもすぐにバレます（笑）。初めから全てがガラス張りになっていると思ってしまえば、自ずと変な事はしなくなるものです。今はこれを意図的に行っています。久松農園のキーコンセプトの一つに「公開」を掲げているくらいです。

ネットで個人情報を公開する事を怖がる人もいますが、僕は実名顔出しで住所も電話番号も全て公開しています。それでも変な電話がかかってきたりする事はほとんどありません。たまに嫌がらせのメールをもらったりブログに変なコメントが来たりする事はあります。その対策は簡単。気にしない、です。

それよりも自分を知ってもらうメリットの方が何倍も大きいのです。自分たちの楽しく充実した仕事や悩み、時には失敗をもガラス張りでやりたい。そう考えています。

情報発信は情報収集でもある

情報発信と言うと、見えない相手に一方的に情報を投げるように聞こえるかもしれませんが、実はそうではありません。より重要なのは反響があることです。たとえば新商品の発売や農園見学会の開催など、新しい企画について発信すると、様々な方から意見や感想をもらえます。その反応を見て、企画内容を修正したり、より力を入れたりする事ができます。こちらのやっている事を発信するだけで、答えをお客さんが教えてくれるのですから、こんなにありがたい事はありません。

いろいろな事をオープンに、双方向でやっていると、直接お取引している方の何倍もの人たちが自分たちに注目し、応援してくれているのが実感できます。そういう広い意味でのファンが多ければ多いほど、自分たちの活動のステージの幅と奥行きが広がり、さらに面白い事ができるようになります。このネットワークこそが、ちっぽけな個人事業者にとって最大の資産です。こういうことを可能にするツールが無料で手に入るのですから、つくづくいい時代になったと思います。

人材募集、人材教育にも効果的

「農場」経営と言いつつ、直販有機農業の仕事は多様です。久松農園では、畑仕事はもちろん、営業、情報発信など様々なタイプの仕事をこなせる人でないと務まりません。そういう人材を捜すのはなかなか大変なのですが、ここでもネットでの情報発信が非常に役立ちます。現在、一緒に仕事をしているスタッフのほとんどが、ネットで僕の事を知って応募してくれた人たちです。情報発信をしていなければ知り合えなかったであろう、素晴らしい仲間と一緒に仕事ができる事を本当に嬉しく思っています。皆、入社前からブログやフェイスブックの投稿などをよく読んでくれているので、僕の考えや農園の様子を勝手に学んでくれています。もちろん、ダメ出しもたくさんありますが……。

人数が増えてくると社内での情報や考え方の共有も難しくなってきますが、延々会議をしなくても、外への発信が内部へのメッセージにもなります。これは想定外の効果をもたらしてくれました。

飲食店の発信力

近年、力を入れている販売先に飲食店があります。いいご縁を頂いて、取引先は一流のレストラン、カフェ、居酒屋ばかりです。一般消費者とは違う視点で野菜を使って下さるので、勉強にもなりますし、変わった野菜にチャレンジするきっかけももらえます。飲食店と直接やり取りして一緒に野菜をつくっていくというスタイルは、まだそれほど一般的ではないので、やりがいも大きいです。

飲食店の情報発信力はとても強いものだと感じています。野菜を使ってもらう事自体が、お店のお客さんに久松農園を知ってもらうきっかけになります。ただ単に購入するだけではなく、実際に農園まで足を運んでくださる方もたくさんいらっしゃいます。実際に顔を合わせてお話を伺う機会が増えるのは、とてもありがたいことです。飲食店サイドにとっても、「この前、行ってきた農園の野菜なんですよ」という話ができれば、お客さんが喜んでくれるに決まっています。業者さんから野菜を仕入れているだけの他のお店との違いをアピールする格好のネタになります。

飲食店の方々は横のつながりも強いので、別のお店を紹介してくれる事も多くあります。商売としてのプラスもさることながら、そうやってじわじわ拡がっていく事自体が食べる人にとってのブランド価値になります。自分たちもソーシャルネットワーク上で、飲食店の方々と盛んに掛け合いをして楽しんでいます。

しっかりした小さい飲食店と小さい農業者は、とても相性がいいと思います。こういう組み合わせがあちこちでできてくると、面白い化学反応が生まれるのではないでしょうか。

商品と商圏

つくる事と売る事は一体だと繰り返し述べてきました。これは、モノ（商品）とそれを受け入れる市場（商圏）は一体だと言い換える事ができます。

同じモノでも、消費者がそのモノのどこに魅力を感じているかによって、その人にとっての価値は変わってきます。先ほど引っかかりの話をしましたが、僕の野菜を「無農薬」だから買っている人と、「玄関まで届いて便利」だから買っている人では意味合いが違いますよね。やや抽象的に言うと、左の式になります。

モノ × 文脈 ＝ 価値
Contents　Context　Value

つまり、あるモノの価値は、それ単独で決まる固定的なものではなく、買う人がそこに何を求めるかによって変化する、ということです。
具体例を挙げましょう。トマトの例です。

① スーパーの直売コーナーに陳列されているトマト
② 久松農園の〝夏野菜セット〟の中のトマト
③ 久松農園の野菜入りパスタと夏野菜の〝夏野菜パスタセット〟
④ 久松農園のトマト缶と冬野菜の〝冬野菜トマト鍋セット〟

これらは全て同じ「トマト」ですが、食べる人もシーンも違います。

売り方には色々な形がある。上から一般的な直売所のトマト、久松農園の夏野菜セット、夏野菜パスタセット、冬野菜トマト鍋セット

スーパーでトマトを買う人は値段だけを気にするお客さんかもしれません。夏野菜セットを買うのは定期購入のお客さんですが、トマト鍋セットを買うのは、友達と特別な鍋パーティーをするお取り寄せのお客さんかもしれません。このシーンの違いが先に述べた文脈の違いで、言い換えると商圏の違いということになります。トマトに求めるものが違うので、そこに感じる価値も違ってくるのです。実際に、一人暮らしで料理はしないので野菜は要らないけれど、パスタは欲しいというお客さんもたくさんいらっしゃいます。野菜パスタというアイテムを通じて、野菜だけでは興味を持ってもらえなかった新しいお客さんを喜ばせる事ができたのです。

僕の仕事は、美味しい野菜でお客さんに喜んでもらう事です。そのためには、野菜そのものだけでなく、どうすればお客さんに高い価値を提供できるかを考える必要があります。もちろん、価値の源泉は野菜にありますので、野菜づくりの腕はもっと磨かなければなりません。しかし、それだけでは不十分です。野菜の見せ方や、加工品の開発など、その野菜がお客さんにとってより価値のあるものになるような文脈の提案もまた、農業の一部なのです。

本当の価値をつくるのはモノ以外の部分

これまではモノを良くすることに心血を注いできたのですが、最近は、モノだけでお客さんを感動させ続ける事はできない、と思うようになりました。逆に言えば、提示の仕方によって、同じモノでも価値は変えられる、という事です。

飲食業界の皆さん、とりわけいいお店の方がおっしゃるのが、「料理の味は満足度の２〜３割に過ぎない」ということです。美味しいことはもちろん大切ですが、たとえ同じ味の料理やお酒を出しても、お店の雰囲気、サービス、さらにお客さんの状況で満足度は大きく変わるというのです。確かに、味は良くてもサービスが悪かったり、清潔でなかったりすれば台無しです。また、同じ味、同じサービスでも、好きな恋人との食事なのか、嫌いな上司との食事なのかで感じ方は全然違いますよね。食事は味覚や嗅覚だけでなく、視覚、触覚、聴覚、そして知覚までも動員して総合的に楽しむものです。

これは僕たちの仕事でも同じです。栽培技術や輸送に気を使い、いい物をお客さんに届ける努力をするのは、もちろん大前提です。しかし、本当にお客さんに感動を与えたいと思うなら、そこから先に踏み込んでいかなければなりません。総合満足度とはそういうものでしょう。

〈モノ×文脈＝価値〉という式に戻りましょう。モノに関して言えば、野菜の栽培上やれる事はある程度のところまでやっているので、これから先は細かい改善を重ねる事で少しずつ質の向上をはかる作業になります。劇的な改善は期待できないでしょう。しかし、文脈の方はまだやれる事がたくさんあります。全く新しい形でお客さんに喜んでもらう工夫は無限にあります。うまく行けば2倍3倍の感動を与えられるかもしれません。それが具体的に何なのか、今は分かりません。抽象的に言えば、僕ら自身を売っていくという事。顔のない野菜を売るしかない大手にはできない、オリジナルな打ち出し方に可能性を感じています。

人間は脳で食べている

野生動物の多くは生きるために必要な物だけを食べています。そもそも、味覚や嗅覚は必要な食べ物を選ぶ手段として発達したので、体が必要としているものを脳がおいしいと感じるようにできています。ですから、味の好みが個体によってあまりバラつきません。

一方でヒト、特に現代人は、生きるためだけでなく楽しむために食べている側面が非常に強い生き物です。それゆえ、味の好みは人によってバラバラ。ある人が大好きなものを他の人が大嫌いということも多々あります。

おいしさの科学を研究している京都大学の伏木亨教授によれば、人間が「おいしい」と感じるしくみには四つのタイプがあるそうです。

①体に必要な物をおいしいと感じる「生理的なおいしさ」
②慣れ親しんだ味をおいしいと感じる「文化的なおいしさ」
③「通の味」のように、学習でつくりあげる「情報によるおいしさ」
④止まらなくなるほど悩ましい「やみつきになるおいしさ」

①は動物にも共通のおいしさであるのに対し、②、③は人間特有のおいしさ、④は動物にもあるが、人為的に精製した食べ物に強く表れるそうです。

人間がおいしいと感じる仕組みは実に複雑です。だからこそ個人差が大きく、状況によっても感じ方が変わるのだと思います。人間にとって食べ物は〝燃料〟ではありません。私たちはつい栄養価や安全性などの「モノとしての質」にのみ着目してしまいますが、脳で食べている以上、おいしさがモノ以外の要素に左右されることは避けられません。私たちはそういう生き物なのですから、それぞれがおいしいと感じる気持ちを素直に楽しんでいいと思うのです。

農産物においても、食べる人のおいしさに寄与するのは、そのモノの物理的な性質だけではありません。甘みや旨味など、数値化できる要素ももちろん大事ですが、それだけではお客さんを感動させることはできない、と僕は思っています。

具体的な例を挙げましょう。たまごの中には、1個500円以上もするような超高級品が存在します。特別な品種の鶏に特別な餌を与え、放し飼いでのびのびと育てた鶏のたまごだそうです。香りや舌触り、栄養価が普通のたまごとは全く違い、桐箱に入って届きます。実際に食べたことはありませんが、平飼い養鶏を手伝った経験もありますし、優れた自然卵養鶏の農家も知っていますので、この高級卵の養鶏が技術的に意味するものは理解できます。おそらく、健康な鶏の健康なたまごなのでしょう。

しかし、消費者の方から、「普通のたまごと何が違うの?」と聞かれれば、「甘みや栄養価などの客観的に示せるデータには、もちろん違いはあるだろうけれども、価格差ほどの大きな違いはないだろう」と答えます。「え? そうなの?」とびっくりされるかもしれません。僕の説明には続きがあります。

「それでも、もしあなたがその養鶏場に行って、平和に暮らす鶏の様子、生産者の鶏を愛おしむ姿や仕事にかける情熱、自然環境の良さ、などを体で実感したら、その価格に納得されると思います」

ストーリー・マーケティングだと言ってしまえば、それまでかもしれません。しかし、このたまごは、味や栄養価が他と食べ比べてどうかというところが価値の本質ではありません。鶏の生きている姿や飼い主の姿勢まで含めての価値です。お客さんはそこを想像するから、普通のたまごの時とは違う思いで食べ、おいしいと感じるのだと思います。価格設定やパッケージは、そのイメージを喚起する小道具です。「このたまごを生んだ鶏のことを想像して味わって欲しい」というメッセージです。家族で箱を開け、感想や批評を口にしながら、たまごかけごはんを食べるところまで含めての「おいしさ」だと思うのです。

「モノは大して違わないのに、高く売るためのただの仕掛けじゃないか？」という感想を持つ方もいらっしゃるかもしれません。これを、否定的に見るか、肯定的に見るかは受け取り方次第です。しかし、飲食店の価値が味だけでなくサービスや雰囲気の総合力であるのと同様、農産物もまた総合的な楽しませ方ができる、と僕は思っています。一次産業にデザインを掛けあわせて新しい価値をつくっている、高知県のグラフィック・デザイナー梅原真さんは、一次産業の真の価値は「風景」にあると言っています。作物が育った風景も一緒に味わってもらえるような農業のやり方もあるのです。

野菜セットの実例

ここまで、実際にどのようなものをどのように売っているか、個別のことにはあまり触れずにご説明をしてきました。最初から「このセットがいいですよ」と強調すると、なんだかパンフレットみたいで気が引けたからです。しかし、理論ばかりではちょっとイメージもわきづらいかもしれませんので、実際にどんなものをどんな風に売っているか、具体例を示してみます。もちろん「買ってくれ」ということではないので、ご安心ください。

久松農園では野菜をセット販売しています。畑の生き物の種類を豊かにするために、年間を通じて畑にさまざまな作物を植えていますので、全体をバランスよく食べてもらいたいからです。世の農家の多くは、「イチゴ農家」や「トマト農家」のように特定の品目を栽培していますが、僕は「いろいろ農家」。季節を問わず、常時10～15種類の旬の野菜を出荷し、お客さんには畑をまるごと食べてもらっています。選べないのは不便という意見もありますが、健康で美味しい旬の野菜をリーズナブルにお届けする持続可能で最良の方法の一つだと思っています。

通常の買い物では、使ったことがない野菜にはなかなか手が伸びないものです。僕の野菜セットは中身を選べない代わりに、おすすめの旬の野菜がたくさん入っていますので、美味しくて、しかもお得です。〝おまかせ〟で握ってもらうお寿司屋さんを想像して頂くといいかもしれません。

もちろん野菜と一緒に、野菜のミニ知識や料理のレシピ、新鮮な美味しさを保つための上手な保存方法などを同梱します。お客さまからは「食べたことのない野菜に出会えた」「季節を感じることができるようになった」「料理のレパートリーが広がった」などのうれしい感想を頂いています。

同じ季節に採れるもの同士は、一緒に料理しても相性がいいものです。

たとえば6月下旬の野菜セットの例。

【ピーマン、ナス、ズッキーニ、春大根、新玉ねぎ、新じゃが芋、きゅうり、モロッコインゲン、キャベツ、枝豆、人参、茎ブロッコリー】

この時期の野菜で、お客さんに好評なのは揚げびたし。ピーマン、ナス、ズッキーニ、モロッコインゲンを油で揚げてめんつゆに浸すだけで、色鮮やかなご馳走です。酢を加えてマリネ風にしても美味しいです。びっくりするくらいの量をぺろりと食べられます。

8月は夏野菜が勢揃いします。

【じゃが芋、トマト、モロヘイヤ、きゅうり、ナス、オクラ、ネギ、しそ、バジル、ピーマン、ニガウリ、空芯菜、にんにく】

蒸し蒸し暑くてバテそうになるこの時期に人気なのが、ガスパチョ。スペインの冷製スープです。トマト、にんにく、モロヘイヤ、オクラ、きゅうりなどをザク切りにしてミキサーにかけるだけ。塩コショウとオリーブオイルで味付けして冷蔵庫で少し寝かせると、オクラやモロヘイヤのとろみが効いて、コクとパンチのある美味しいスープになります。

冬になると、野菜はガラッと入れ替わります。12月の例です。

【大根、キャベツ、じゃが芋、かぶ、里芋、玉ねぎ、ブロッコリー、ネギ、レタス、チ

ンゲンサイ、小松菜、春菊、ほうれん草】

冬は、野菜の味がギュッと詰まる時期です。露地で寒さに当てた葉物や根菜の深い味は、初めて食べた人が皆驚きます。

料理が苦手な方も、野菜たっぷりのカレーをつくってみて下さい。玉ねぎを炒めて、皮をむかずにゴロっと切ったじゃが芋や人参、ブロッコリー、かぶをたくさん入れて煮込んだだけで、野菜のだしが効いた味の深いスープになります。ルゥは市販の普通のもので十分です。野菜嫌いのお子さんも、美味しいと言ってくれること間違いなしです。

会話がはずむ野菜

僕たちが目指している方向性の一つは、「会話がはずむ野菜」です。ただ何となくお店で買ってきて、何となく料理する野菜ではなく、その野菜を囲んで家族や友人たちと話が始まるような野菜。たとえて言うなら、おみやげです。旅行から帰ってきておみやげを渡すと、それをきっかけに「旅はどうだった?」という話が始まりますよね。おみやげはモノそのものの価値だけでなく、みやげ話もセットで成り立つものです。何よりも、あげる人がもらう人の喜ぶ姿を想像して買ってくるから話が弾むのでしょう。

それと同じように、僕たちの野菜が届いて、箱を開いて「お！」と言ってもらいたい。土付きの野菜を洗い、料理しながら畑の香りを楽しんでもらいたい。それが食卓に並んで、食べながら「トウモロコシの季節になったね」とか「冬の葉物は甘いね」とか。時には、「今年の枝豆はイマイチだね」という話で盛り上がるかもしれません（笑）。構えて食べて欲しいわけではありません。1日の出来事を話しながら、ふと「ん、この小松菜、美味しい」といった話題をつくる食卓の脇役になれたら、それはとても素敵なことだと思うのです。

キーワードは「エロうま野菜」

もう一つ、僕たちが掲げているキーワードに、「エロうま野菜」という物があります。顔をしかめておられる方もいらっしゃるでしょう（笑）。少し説明させて下さい。
美しさと色気って違いますよね？　美人でも艶っぽくない人もいるし、逆に色気はあっても美人ではないという人もいます。色気やなまめかしさを、僕はちょっと下世話に「エロ」と称しています。
食べ物で考えてみましょう。僕が考えるエロい食べ物の代表は、肉やスイーツです。

ステーキの脂身やクリームパイには、本能に訴えかけるような旨さを感じます。食べ過ぎると体に悪いと分かっていてもやめられないような、やみつきになる食べ物です。

肉やスイーツに比べると、野菜は「エロ」より「美人」に近いイメージです。特に有機野菜、オーガニック野菜という言葉は、「やみつきになるエロさ」より「清楚な美しさ」を連想させます。一般に、野菜から連想する言葉といえば「女性」「健康志向」「ダイエット」等。体のことを考えて、極端に言えば我慢して食べるというイメージも強いのではないかと思います。

しかし、僕はそこに物足りなさを感じるのです。僕がつくりたいのは甘い野菜ではなく、ウマい野菜。体にいいから頭で食べるのではなく、思わず体が欲してしまうようなヤバい野菜です。想像がつかない方は、畑に来れば実感してもらえるでしょう。スポッと抜いた瞬間に湧き立つ人参の土臭い香り、嚙み締めるほどに口に広がる冬の小松菜の旨味。「健康な野菜」は、分かりやすい甘さだけでなく、ダシのようなうまみや苦味も複雑に絡み合い、深い味わいを与えてくれます。味や香りだけではありません。株全体の力強い姿や実の曲線が、僕にはグッと来ます。僕は、これを「エロうま」と表現しているのです。

新しい食べ方の提案

２０１３年から料理家の大久保朱夏さんと一緒にVegeRecipin（ベジレシピン）という新しいサイトを立ち上げました。野菜をシンプルに美味しく食べてもらうためのレシピ提案サイトです。ＨＰの説明を引用します。

滋味あふれる野菜をシンプルにおいしく。

元気に育った野菜の醍醐味は、ふわっと立ち上がる香り、食感、甘みや旨みです。時には苦みやえぐみさえも魅力になります。VegeRecipin（ベジレシピン）では、久松農園の滋味あふれる野菜を使ったシンプルなレシピをご提案します。

野菜のつくり手と料理のつくり手の往復書簡。

久松農園からは、畑の「いま」を写真でお伝えします。野菜たちの豊かな表情をお楽しみください。

野菜定期便の利用者でもある料理家・大久保朱夏からは、野菜が主役になるシンプルなレシピをご紹介します。使いきりのヒントにしてください。畑の風を感じながら料理を作りましょう！

ベジレシピンは、みんなでつくるサイトです。

みなさんからのコメントもお待ちしています。「つくってみたよ」「こんな料理もあるよ」など、なんでもコメントに書き込んでください。

使い方が分からないと、美味しい野菜も生かす事ができません。一方で、分かりやすいからと言って、生野菜にドレッシングをかけただけのサラダばかりでは、ちっとも面白くありません。力強い有機野菜をシンプルに生かす料理を提案していくことは、ますます必要になってきていると痛感し、このサイトを立ち上げました。自分たちのためだけでなく、これをきっかけに消費者同士や、他の生産者との交流が深まっていけばいいな、と思っています。

第5章　センスもガッツもなくていい

農業者の資質

僕のところには農業をやってみたい、という若者がちょくちょく相談に訪れます。僕自身まだ道半ばですし、動機や条件は人それぞれなので、「こうすれば成功する」などというアドバイスはとてもできません。ただ、優れた農業者を僕なりに観察した結果、共通の二つの資質がある事に気づきました。僕は、それを「センス」と「ガッツ」と呼んでいます。

センスとは、物事の本質を見抜き、他に応用する力のことです。

ガッツとは、スマートでなくても最後までやり抜く馬力のことです。

これらは二つとも、他人に教える事ができません。農業者の多くが、仕事を始める時点で身につけているものだと思っています。

優れた農業者の中には、センスもガッツも完璧に併せ持っている人がいます。どんな難しい仕事も器用にこなし、朝から晩まで働く気力と体力にあふれている。そんな人を見るたびに、自分の適性のなさが嫌になります。また、その他の多くの農業者も、センスとガッツを一定のバランスで持っている人がほとんどです。体力はそこそこだが何でも1回で覚えてしまう人、器用さは人並みだが一つのことを地道にやり遂げる人。そういう人たちは自分の適性に応じて、それぞれに合ったやり方を見つけていきます。

ひるがえって僕自身はどうかと言えば、残念ながらセンスもガッツもありません。まず、体力は全くありません。もともと肉体労働向きではないんです。身長170センチの中肉中背。スポーツも部活やサークルでテニス、スカッシュなどをやりましたが、夢中になるわけでもなく、成績もパッとしませんでした。

精神力もありません。1日同じ農作業をしていると飽きてしまいます。疲れてくるとモチベーションが落ちて手を抜きたくなります。研修先の農家の人たちには「そんな青白い顔で農業ができるのか」と、からかわれていました。一方で、センスがあるかと言えばそれもありません。職人の勘所のようなものは持ち合わせていません。人から技を盗むのも苦手で、上手な人の仕事を見ても感心して終わってしまいます。

他人と一緒に仕事をすると、つくづく自分は鈍臭いなぁ、と思います。新規就農仲間の畑を見学に行くたびに、自分とのあまりの違いに落ち込んでいました。近所の農家には、雑草だらけの僕の畑をいつも笑われていました。悔しかったですが、当時はどうしたら上手くなれるのか、よく分からなかったのです。

しかし後になって考えると、自分にとってはセンスもガッツもなかった事は結果的に幸いでした。明らかに適性がないので、自分を客観視し、言葉で考えて補ったり、非力な自分にもできる方法を工夫したりせざるを得なかったからです。

いくつかの具体例をご紹介します。

ガッツのない自分

僕の農場でも、農業体験や研修でたくさんの人を受け入れてきました。中には、もちろん女性もいます。農業をやってみようという人ですから、平均的な女性よりは頑張り屋で体力もある人が多い。それでも背の高さや、基本的な筋力は男性よりは劣ります。

たとえば、人参が一杯に入った収穫箱をトラックに積み込むのは男性ほどスムーズにはいきません。また手押しの耕運機を使う際、腕の力がないので機械を抑えきれずにフラフラしてしまいます。そんな彼女たちを見て、周りの農家のほとんどが「女性に農業などできるわけがない」と言いました。

しかし、僕は彼女らと同じく、農家から「できるわけがない」と見られていた側だったので、本筋とは思えない小さな事で不合格のレッテルを貼られることには抵抗がありました。

ただ、そうは言っても確かに目の前の女性は自分より、さらに非力です。しかし、観察しているうちにふと気づいたのです。今、目の前でふらついている非力な女性は将来の自分の姿だ、と。

体力自慢のムキムキ農家だって、いつかは必ず年を取ります。病気や怪我で力が発揮できなくなる時だってあるでしょう。そうなれば自分や女性と同じ立場じゃないか、と。実際のところ、腰や肩を痛めて思うように仕事ができなくなった農業者を何人も知っています。体力自慢の人に限って、それが発揮できなくなると精神的に落ち込んでしまい、急激に老け込む例も見てきました。

今は難なくできることも、将来急にできなくなるかもしれない。道具や段取りを工夫する事で非力な人にも可能な方法を考えれば、それはどんな人にもスマートで無駄のないやり方になるのではないか。そんな風に思ったのです。

実はこの時、以前に読んだ障害者向けの食器の開発の話を思い出していました。障害のある方が使いやすい食器を追求していくと、結果的に老若男女や障害の有無を問わず使いやすいデザインになるそうです。これがユニバーサルデザインという考え方で、具体的には、文化・言語・国籍・性別・年齢といった差異、障害・能力の如何《いかん》を問わずに利用することができる施設・製品・情報の設計のことです。ユニバーサルデザインの7原則というものがあります。

①　どんな人でも公平に使えること
②　使う上で自由度が高いこと
③　使い方が簡単で、すぐに分かること
④　必要な情報がすぐに分かること
⑤　うっかりミスが危険につながらないこと

⑥　身体への負担がかかりづらいこと（弱い力でも使えること）
⑦　接近や利用するための十分な大きさと空間を確保すること

全部そのまま農業に使えるじゃないか！　こういう風に仕事を組み立てていけばいいんだ、と気づいたのです。

重い物が持てない女性研修生には、大事な事を気づかせてもらいました。それ以降は少しずつ、上手な人の農作業を言葉で表し、自分なりに理解するようにしました。どういう体の使い方をすれば力が上手く伝わるのか、体力を消耗しないためにはどんな段取りをすればいいのか。作業に飽きてしまう自分を責めるのではなく、どうしたら楽しく作業が続けられるか、を工夫しました。そのような小さな積み重ねが、少しずつ生産性の向上につながります。いつしか「体力がなくたって農業はできる」と確信するようになりました。

さらに、この言葉と論理で考えるクセには思わぬ別なメリットがある事を、後に知りました。自分の中でしっかり言葉にできていることは、他人に説明しやすいのです。人を雇うようになった時、それは大変役に立ちました。

「背中」は見るのも見せるのも苦手なので、技術を言葉で伝えられるのは便利です。この事も幸いして、現在の久松農園のスタッフは入園後、比較的早い段階で自立した仕事ができるようになっています。

センスのない自分

物をつくる仕事はセンスを要します。農業のように自由度の高い仕事は、特にそうです。野菜づくりが〝自由〟というのは意外でしょうか？　確かに野菜農家はほとんどの場合、決められた規格の野菜をつくっています。農産物は芸術作品ではないので、他とは違う形の野菜を目指すのが目的ではありません。野菜の栽培は、「その植物が生まれ持っている形質を発揮できるように導くこと」なので、野菜農家は皆、共通のゴールに向かっている、とも言えるでしょう。

しかし、それでも農業は自由な仕事です。なぜなら、そのゴールにどうアプローチするかに制約がないからです。実際、優れた農業者ほど教科書に沿った作り方はしていません。野菜づくりにおいて、つくり手の個性は結果よりプロセスに顕著に表れるのです。その畑の前作は何で、作付け前の畑はどんな状態か、から始まって、栽培の時期、使用する品種、培土、苗の仕立て方、肥料設計、使用する資材、草管理、収穫の段取りなど栽培の構成要素は無数にあります。天候という不確定要素と、経営資源の制約の下で、栽培を自由に組み立てられることこそが農業の魅力だと言っていいでしょう。

多くの農業者は、その組み立てを経験と勘で決めています。名人と言われる人たちは、勘所を摑んでいるので、得意な野菜はもちろん、初めての品目でもすぐに自分のものにしてしまいます。

ところが、そのコツを教えてもらおうとしても、肝心の部分で答えが返って来ない事もしばしばです。もちろん、教わる側の力量不足もあります。先方の言っている事が理解できない場合も多いでしょう。それを差し引いても、僕の経験では、センスがあって上手な人ほど、そのノウハウは言語化・数値化されておらず、その人の中に属人的に存在していることが多いと感じます。農家や農村の中では、こうした技は「背中」を通じてのみ伝えられてきたのでしょう。

しかし、僕にはそういう能力も経験も全くありません。農家に育った訳ではないので、多くの農業者が無意識の内に身につけている、ベースの身体感覚のようなものがないのです。

ですから、クワの使い方一つとっても、その技能を言葉で切り取り、自分の頭で組み立て直して自分なりに理解し習得することが必要でした。作業の意味が一目で分かってしまう人から見ると、ずいぶん時間がかかって鈍臭いやり方に見えるでしょう。実際、「下手くそが屁理屈こねやがって」と皮肉を言われた事もあります。が、経験していない事を責められても仕方がありません。自分の言葉に翻訳するしか方法はなかったのです。

技術や技能をロジカルに捉える試みは、時間こそかかりますが、自分に合ったやり方だったので、確実に成果をもたらしました。

センスがないから考える

やってみて分かったのは、農業技術と言われるものが想像していたより、ずいぶん整理されていないことです。ある人の言う事と、別な人の言う事が１８０度違う、ということもしばしばです。具体例を一つ挙げましょう。僕がからかい気味に「じゃが芋の種の向き論争」と呼んでいる事例です。

栽培の本を見ると、「じゃが芋は種芋を切って、切り口を下に、芽が出る方を上にし

図6　切り口を下向きに埋めたジャガイモ（左）と上向きに埋めたジャガイモ（右）。いずれも芽はきちんと出る

て植えると発芽が早い」と書いてあります。何年かその通りに植えてみて、疑問が湧きました。

「北海道で大面積でやっている農家が、こんなに手間のかかることをしてるんだろうか？」

そこで、僕はこのように考えました。

① そもそも、その説は本当なのか？
② 発芽に影響する他の要因（個体差、植える深さ、事前処理）に比べて有意な差か？
③ その作業にかかるコスト（労力、経費）に見合う差か？

このケースで言うと、①はたぶん本当です。確かに芽が出るのは、実験レベルでは早いでしょう。ただし、②の他の要因との比較では×です。植える深さや固体差の影響の方が大きいので、切り口の向きによる差は相対的に小さくなります。さらに③の、芋を同じ向きに揃える手間を考えると、全く割に合いません。

ということで、最終的には「植える向きを気にすることに意味はない」という結論に至りました。種の向きを気にしなくなった途端に、植え付けのスピードは格段に早くなり、実際のところ発芽の揃いにもほとんど差が出ませんでした。

これは、もちろん分かりやすく、答えも明らかな例ですが、このような例がたくさんあるのが「農業技術」です。したがって既存のやり方に囚われず、論理的に合理的に考える事で、ずいぶん無駄が省けます。様々な栽培の工程の、どの部分が全体にどれだけ寄与しているかをよく考え、総合的に判断することで自分の弱点をずいぶん埋める事ができるのです。敵がセンスで来るなら、こっちは言語化と合理性で勝負、という感じでしょうか。

考える余地がたくさんある

自分が好運だったのは、キャリアの早い段階で、逆立ちしてもかなわないくらい器用で創造性に優れた農業者が身近にいたことです。悔しい思いもありましたが、センスやガッツで挑んでも一生勝ち目がない事は明らかでした。そういう人を日常的に見ていたおかげで、逆に自分にはどんな武器があるだろう、と考えざるを得なかったのです。自分の弱さを認めて受け入れ、思考の転換ができたのは結果的によかった、と思います。自分なりのやり方でも結果が出せる事は、自信にも繋がります。

誰でも最初は、無我夢中で目の前の事にどっぷり浸るものです。しかし、仕事を長く続けていくためには、俯瞰の視点を持ち、自分がどこを歩いているのかを認識する事が不可欠です。それは遅かれ早かれ誰もが通る道ですが、適性がない人は、人よりも早く自分の立ち位置を考えざるを得ないのです。それは弱みから生まれる大きな強みだと、今では僕は考えています。

職人の、特殊な世界だと思われている農業に合理性を持ち込み、科学的・論理的なアプローチで栽培や経営を組み立てるのは、なかなか痛快な作業です。決して職人の勘や経験則を軽んじているのではありません。もともと、わからないことや不確定要素が多い分野なのですから、合理性が通じるところまでは合理的に考えて、勘はその先で発揮した方がいいのではないでしょうか？

プロ野球の野村克也氏は「野球は理に反したことを、たくさんやった方が負ける」と言っています。農業も同じで、失敗の多い仕事だからこそ、理詰めで考えられる事は徹底的に考えた方が勝率が上がる、と思うのです。

農家は〝持てる者〟

僕は基本的に努力家ではありません。そもそも農業は「もっと楽にできる」と思って安易に参入したくらいです。水は低きに流れ、人は安きに流れる、と言います。放っておけば楽な方へ向かってしまうのがヒトという生き物なのでしょう（少なくとも僕は、そうです）。

才能に恵まれていたり、いい条件で農業をはじめていたら、そこまで、いろいろ考えることはなかったかもしれません。うまくいかないからこそ工夫するし、食っていけないから策を練らざるを得ないだけです。その意味では、センスとガッツという人の資質のほかに、「営農条件の悪さ」も工夫を促す要素です。困っているから工夫する。その意味では、昔からの農家というのは実は、あまり困っていない人たちです。

読者の皆さんは農家に、どんなイメージをお持ちでしょうか？　朝から晩まで泥まみれになって働いても、天気や経済の動向によって生産物の価格が左右されてしまう。嫁不足・後継者難に悩みながらも、日本の食糧自給率を守るために地道に仕事を続ける人たち……。

ちょっと極端ですが、そんな印象をお持ちの方も多いと思います。確かに、そういう側面もあります。

でも、外から参入する立場からすれば、既存の農家はずいぶん恵まれた競争環境にあると言えます。家があり、土地があり、機械があり、ネットワークがあり、しかも現に生産のサイクルが回っている田畑があるのですから。

そして、案外知られていない事ですが、農地という最も重要な生産手段が農地法によって、がっちり守られています。制度によって農地や農家住宅の保有税や相続税は非常に低く抑えられています。農地の維持コストは、宅地に比べてとても安いのです。その結果、多くの農家は都市住民と比べて住居費を大幅に節約することができます。収益性の低い農業を続けていても食っていけてしまう大きな理由は、そこにあります。

ここではその是非を問う事はしませんが、この制度は農家を〝優遇〟しているようで、結果的には農業のイノベーションを妨げている、と僕は考えています。この点については、第7章で触れます。

一方、農家の優遇制度は、新規参入者には参入障壁です。新たに入る者としては、その壁の中にいる人たちをうらやましく思うこともあります。

しかし、その壁の中で安住していたら「新しいことを始めよう」という意欲も湧かないのではないか——。いささか生意気に聞こえることは承知しておりますが、ハンデだらけでセンスもガッツもないところから始めた僕は、負け惜しみも含めて、どうしてもそんな風に思ってしまうのです。

第6章　ホーシャノーがやってきた

2011年3月11日

2011年3月の東日本大震災に伴う原発事故で、茨城の農家も甚大な影響を被りました。僕自身も例外ではなく、3月後半だけで商売の3割を失いました。廃業を覚悟するところまで追い込まれた当時を振り返り、当事者としての体験や思ったことを率直に述べたいと思います。

地震当日は宅配野菜の配達に出ていました。最後の1軒のお宅に向かって軽自動車でつくばの中心部を走っている時に不自然にハンドルを取られ、不思議に思って路肩に停めたところ、怪獣映画の1シーンのように景色が揺れ、大きな地震であることを知りました。

僕はサラリーマン時代は大阪に住んでいたので、1995年の阪神淡路大震災も大阪南部で経験しているのですが、比較にならないほど大きく長い揺れでした。急いで自宅に戻りましたが、信号は消え、道路にヒビが入っていました。自宅には妻と生後1ヶ月の赤ん坊がいたので、心配で電話をかけましたが、携帯はもちろん不通。

幸い家族は無事で、築35年の家も瓦が落ちたりモノが倒れたりした程度で大きな被害はありませんでした。停電していたのでテレビは見られませんでしたが、カーラジオで全国の被害の様子などを聞き、大変なことが起きていると知りました。赤ん坊がいたこともあり、ライフラインの確保が第一です。今の状態が1日で終わるとしたら？　3日続くとしたら、長期戦になるとしたら、と考えを巡らせ、段取りを考えました。

結果的に、電気は1日半で復旧しました。断水は1週間以上続きましたので、使っていなかった古い井戸からポンプで汲み上げて水を確保しました。ガスはプロパンで、食べ物は売るほどありますので（笑）、電気と水があれば生活はできます。3日目からは育苗ハウスの苗に水をあげる事もできました。春夏野菜の苗を枯らしてしまうのは死活問題です。宅配便が止まっていたので、いつから野菜の出荷が再開できるのか分かりませんでしたが、苗に水をあげられて少しホッとしました。

避難しなければならないような事態は避けられたので、とりあえずは安心でしたが、目の前の生活で一杯一杯ですし、安否が確認できない仲間もいたので、不安と緊張でゆったりモノを考える余裕がありませんでした。水の確保、インターネットでの情報収集、お客様への出荷お休みの連絡などで4、5日が慌ただしく過ぎていきました。ちなみに最後まで入手できなかったのはガソリンで、わずか10リットルですら購入できたのは3月末のことでした。

キャンセルの山

3月19日の夕方、枝野幸男官房長官が、福島県に近い茨城県県北地域のほうれん草から暫定基準値を超える放射性物質が検出された、と発表します。橋本昌茨城県知事も同じ内容を発表し、茨城県全域に対して、安全が確認されるまでほうれん草の出荷・販売の自粛を要請しました。

その日から、経験したことのない注文のキャンセルに見舞われました。パソコンを開くたびに、お客さんからの契約中止のメールが舞い込む状況です。頂いたメールの抜粋です。

「ニュースで茨城の野菜から放射能の高い数字が出たと報道されました。しばらくお休みさせて頂きます。宜しくお願い致します」

「原発の不安もあり、実家へ疎開することにしました。しばらくの間は配達をストップしてくださるよう、お願いいたします」

「放射能被害が騒がれています。暫し様子見をしたいので、野菜配送を止めて戴きます。折角の有機野菜も、風評と思いつつ、食するのをためらってしまいます」

久松農園の野菜セットは定期購入制を取っていますので、キャンセルは、1回分ではなく、その後ずっと買っていただけないという意味です。それだけに1件の解約の持つ意味は、とても大きいのです。

結果的に、知事発表から10日余りのうちに、金額ベースで3割に上る解約が発生しました。そのまま解約が続けば、4月末にはお客さんはいなくなってしまうペースでした。僕が13年間やってきたことは何だったのだろうか？　と自信を失いかけました。

当時の状況

放射能騒動が起こってからは、頻繁に仲間の有機農業者とスカイプやメーリングリスト、ツイッター上で会議を持ち、情報の共有や対応策を話し合っていました。ネット上での会議が多くなったのは、集まる時間がなかったことに加えて、ガソリンが手に入らず遠出ができなかったことも大きな理由です。

参加していた有機農業者は考え方も経営内容も人それぞれですが、コンプライアンス意識の高い人ばかりです。皆真剣にどうすればお客さんの安全や安心が確保できるのかを考えていました。嘘をついたり、ごまかそうなどという人間は、僕の周りには一人もいませんでした。

一番苦しかったのは、判断材料がない中で対応を迫られた事です。僕自身も、ほとんど知らなかった放射性物質について必死で勉強しました。しかし、自分の場所のデータがないので、判断のしようがありません。とりあえず19日の公表と出荷自粛要請を受けて、ほうれん草を含む葉物野菜の出荷を取りやめました。すべてのお客さんに連絡を取り、根菜類と加工品の特別セットをお届けするか、お休みするかを選んで頂きました。「気にしないので葉物も送ってほしい」という方がほとんどでしたが、自分のことを信頼して下さるお客様の「久松さんが大丈夫とおっしゃるものなら大丈夫です」という言葉は、僕にとって大変重いものです。安全性に加え、〝出荷自粛要請〟を破ることの法的な解釈に自信が持てるまでは、お客さんに迷惑がかかることは避けたかったので、出荷自粛要請が出ているほうれん草とかき菜の出荷は控えることにしました。

根菜類は問題ないと考えて、セットに入れたのですが、不安で野菜を敬遠されるお客様もいらっしゃいました。19日以降、茨城県は県内各地でサンプルを採取して放射能検査の結果を公表していましたが、判断の材料はそれしかありません。当地のデータが発表されるのを待つ以外にありませんでした。

毎日のように、県の担当者に電話をかけて状況を聞きました。県の職員も大混乱の中で必死に取り組んでいましたが、測定の対象と場所は限られていますので、不十分な情報しか得られませんでした。お客様に対しては「そのうち土浦市の野菜のデータも必ず出ます」と説明を続けましたが、結局、僕の住んでいる土浦市近辺で3月末までに公表されたのは、土浦市のれんこん、隣のつくば市のほうれん草、つくばみらい市のトマトの3点だけです。行政機関からの情報を待っていても仕方がないと思い、知り合いの生産者グループにお願いして自分の野菜の検査をすることができたのは、知事発表から2週間後の4月3日のことです。今から考えれば、ライフラインの確保すらままならない混乱の中で、日常の作業をこなしながら、多くの情報を集め整理・公表し、2週間後には測定データを発表しているわけですから、相当な努力はしていたと思います。しかも、基準値は相当な安全サイドに設定されていますので、仮に基準値以上の数値が出たとしても（実際には出ませんでしたが）、それを1回食べたからといって健康を害するような物ではありません。しかし情報が不十分な中では、消費者は特にリスク回避的な行動を取ります。経験したことのないペースでの解約で、出荷できない野菜が畑にたくさん残され、「この仕事を続けることは無理なのではないか」と絶望的な気持ちになりました。去っていくお客さんを引き止める有効な手段もないまま過ぎていく2週間は、つらく長い時間でした。

混乱の中で仕方なかったとはいえ、この2週間の県の調査と公表は、必ずしも科学的とは言えないものでした。時間と設備が限られる中、県内各地の生産者や関係者は、自分の地域で出荷中の主な農産物の検査を、我先に求めました。その結果、調査品目に統一性がなく、判断の根拠となるような網羅的・時系列的に意味のあるデータとはならなかったのです。

たとえば、1箇所1品目1回しか測定していないものでも、数値が基準値を上回れば即座に県全体に出荷自粛を要請する一方で、逆に下回ると、県全体に安全宣言を出していたのです。発表の仕方も、19日から数日間は数値が分かり次第、速やかに発表していたのですが、混乱を受けて方針が変わり、途中から公表のスピードがガクンと落ちました。県の職員に聞いた話では、当初は風評被害を防ぐためにあらゆる数値を公表していたが、実際には基準値を上回った物だけが大きく報道され、被害拡大の歯止めにならなかったので、3月24日頃から戦略を立て直した、とのことでした。あの時の混乱ぶりを知る者としてその心情は理解できますが、リスクコミュニケーションとしては上手ではなかった、と言わざるを得ません。

農薬と放射能

政府が2011年3月17日に決めた食品中の放射性物質の暫定基準値は、科学的には相当に安全側に設定されていました（2012年4月に改定された現在の基準値はさらに厳しいものです）。そもそもこの基準は、このレベルを超える物を長い間食べ続けるのは好ましくないので流通を規制しましょう、というもので1回口にしたから何が起こる、というものではありません。その物単独の安全性の基準ではないのです。

食品の健康リスクは、〔毒性×一定期間に摂取する量〕によって決まります。この点は、第1章で述べた農薬の話と同じです。原発事故直後に一部地域のほうれん草から検出された高い値の放射性ヨウ素ですらも、その摂取量を計算すれば、健康リスクが顕在化する水準からすればごく少ないことが明らかでした。まして、十分に安全サイドに設定された出荷制限がかかっていたので、市場に出回っているものを食べる人への健康リスクはほとんどありませんでした。

食品には、もともと放射性カリウムなどの自然放射線を出す物質も含まれており、誰でも普通の食生活をしているだけで体内に放射性物質を取り入れています。今回の事故で汚染された食品を摂取することによって、そこに上乗せされるリスクは相対的に小さいものです。

以上のことから、事故が発表されてから早い段階で、僕の野菜を食べる人への放射能リスクはほとんどない、という結論に至りました。僕自身も、当時授乳中だった妻を含む僕の家族も、今日まで何の心配もなく僕の野菜とお米を美味しく食べています。

ところが、世間の反応は違いました。想像以上に多くの人が怖がり、関東や東北の農産物や海産物が敬遠されるようになりました。僕のお客さんの中にも、リスク回避的な行動を取る方が一定数はいるだろうと予想していましたが、その数は予想を上回りました。見通しは甘かった、と言わざるを得ません。

既に述べたように、僕は有機農業をやっていますが〝無農薬の安全〟を売り物にはしていません。合理的、科学的に考えれば農薬は食べる人にとって危険なものではないからです。

ですから、慣行農業や輸入食品が農薬の使用によって不当な批判を受けることには明確に反対して来ました。自分のお客さんに対しても、あるいは講演などでも、食べ物の安全性について、冷静で論理的な考えを説いてきたつもりです。それは確実に伝わっている実感があったのです。

今回の放射能騒動でも、仮にこの事故が遠い場所で起こっていたとしても、僕は冷静に関東の農産物の安全性を説いていた、と思います。しかし、たまたま自分が当該地域にいたので、僕の主張は自分の農産物を擁護する立場になってしまいました。悪意を持って見れば、「自分にメリットがあるから安全だって言ってるんだろう」という受け止め方もされるわけです。

当初、これまで通り、お客さんは冷静に判断するだろう、と考えていました。しかし、パニックになる世間の人々や、実際に離れていく消費者の姿を目の当たりにして、自分の感覚は一般の方々とずれているのではないか、と怖くなりました。当初タカをくくっていただけに、そのギャップはより大きく感じました。自分の野菜が支持されないことに、あれほどオタオタしたのは就農以来初めてのことです。大きな問題の当事者として、冷静に対応することの難しさを思い知った出来事でした。

補償金では満たされない気持ち

3月19日の知事発表時に、基準値を上回る数値が検出された一部の野菜について出荷の制限措置が取られました。2日後の21日には、原子力災害特別措置法に基づく国の枠組みに移行し、政府もコミットした形での流通のコントロールが行われるようになりました。安全でないものは市場に出回らないようにするため、生産者は出荷を自粛し、相応の補償を受けるという方針です。

今回の事故では多くの農業者が経済的な損失を被りましたが、金額の多寡にとどまらず、どういう影響を受けたかは人によって大きく異なります。様々な農業者と意見交換をしましたが、話をした市場出荷をしている農家は、補償さえ行われれば構わない、と考えているように思えました。しかし、直販・小売をしている農業者は意見が違います。

直接の損失が補償されても、お客さんの信頼という資産が戻って来なければ経営の回復は見込めないからです。

ほうれん草農家は、つくったほうれん草を売るのが仕事です。乱暴に言えば、目の前のほうれん草が換金されさえすれば、それが農協から振り込まれる代金であっても、補償金であっても構わないわけです。

しかし、僕は違いました。なぜでしょうか？

もちろん、僕は野菜をセットで販売しているので、「この野菜はダメ」と言われるとセット全体の商品価値が損なわれるという事情もあります。しかし、商品の価値やお客さんの信頼という直接的な理由を超えて、「補償金をくれる」と聞いても満たされないモヤモヤがありました。おかしいですよね。野菜を売る仕事であれば、その代金をもらえれば仕事は成立するはずです。お金をもらっても満たされないなら、自分は一体何を売っているのか？　自問自答しました。

一つの答えは、ひょんな時に見つかりました。

自分は何を売っているのか

実は、僕は3月末に一度真剣に廃業を覚悟しました。

忘れもしない、初夏に収穫予定のズッキーニの植え付けの準備をしていた3月28日のことです。その時のペースで顧客が離れていくと4月末にはゼロになる計算でした。

「こんなに好きな仕事なのに、もう農業はできないんだ。これまで、いい夢見させてもらったなぁ」

そう思うと涙が溢れて来ました。悲しいというよりも、失恋のような気持ちです。楽しかった日々が思い出に変わってしまう寂しさを感じました。

どういう段取りで廃業して転職するか、までつらつらと考えました。何十分か考えても悶々とした気持ちが収まらなかったので、とりあえず作業を続けることにしました。

集中できたおかげで、ズッキーニを植えるポリマルチ（プラスチックのフィルム）がいつになく上手に張れました。すると驚くほど嬉しく、気持ちが落ち着いたのです。

その時に気づきました。

そうか、自分はアホなんだ、と。

そのズッキーニが採れる頃には、お客さんはいないかもしれないのです。でも、楽しい。

普段は、お客さんに尽くすのが仕事だの、経営合理性だの言っているのに、根本のところでは、ただ農作業がしたいだけだったのです。自分で笑ってしまいました。当日の僕のブログの投稿からの一文です。

「先行き不安とか言いつつ、滞りなく作業は進むのであった。マルチを張ると心が安らぐ。アホだ」

僕の仕事は、直接的には野菜を売ってお客さんを喜ばせることです。しかし、売っているのは商品としての野菜だけでなく、そういう自分の姿勢そのものも含まれるのだ、と気づきました。

「お客さんの食卓を支えたい」というような高尚なモチベーションだけで仕事をしているわけではありません。喜んでもらう事に生理的な快感を覚えている面もあります。人の役に立つのがほっこり嬉しいという感じではなく、美味しいと言われると「してやったり」という快感なのです。農業生産者というよりも芸人やミュージシャンに近い感覚かもしれません。まずは自分がやりたくて、やっている。しかし、喜んでくれる相手がいないと成立しないので、自分と自分の野菜を支持してくれるお客さんを探している。

もっと言えば、野菜を売る行為は、好きな事で生きていくための予算とステージの獲得手段でしかないのかもしれません。補償金をもらえると聞いても気持ちが満たされないのは、そのステージを失ったからだったのでしょう。

しかし、それは完全に自分の側だけの問題です。場を失ったからといって誰を責めることもできません。結局補償金はもらいませんでしたが、自分が何を売っているのかを整理できたことは、大きな収穫でした。

風評被害とは何か？

農家は風評被害に苦しんでいる、という表現をよく見かけます。そのようなことを書く方は、農家に対してシンパシーを持ってくださっている場合がほとんどで、苦しんでいる農家にとっては有り難いことです。根拠のない不安が社会に蔓延することは、結果的に社会全体のコストを高めることでもあります。2011年の原発事故後の放射能騒動に限らず、近年「食の安全」への関心が高まる中で、「○○国産のモノは危険」「□□は体に悪い」といった一面的で乱暴な意見がマスメディアでもネット上でも飛び交っています。冷静で科学的な議論を放棄し、根拠のない誹謗中傷をばら撒く人が多いのは嘆かわしいことです。ただの無知による意見はまだしも、危険を煽ることで利を得ている確信犯の「専門家」や「関係者」の存在は、絶対に見過ごせません。このような状況が改善され、多くの人が科学的な知見をもとに議論をして、冷静な判断をするようになるのが望ましいのは言うまでもありません。

でも一方で、風評被害という言葉の使い方にはちょっと違和感を持ちます。少なくとも、被災地の農産物を避ける行動を取る消費者の人たちを責める気にはなれないのです。そもそも風評被害とは何でしょうか？　本来は、根拠のない噂のために受ける被害のことです。特に、事件や事故に伴う報道によって、本来は無関係な損害が生じる場合に用いられます。

それでは、「放射能の値は基準値以内なのに消費者が買ってくれない」は風評被害なのでしょうか？　僕は違うと思っています。

農薬の例で考えてみましょう。第1章で述べたとおり、科学的には、食べる人への農薬の危険性は限りなくゼロに近いものです。ほとんどの農産物は残留農薬の基準をクリアしています。これに対して、一部の有機農業者や流通団体は「農薬は危険なものなので、無農薬の野菜を！」と謳っています。先の理屈に従えば、このキャンペーンによって売れなくなる慣行農産物は風評被害を受けている事にならないでしょうか？　また、逆に安全性を理由に有機農産物を販売して、お金を得る農家は「風評利益」を受けていることにならないでしょうか？

実際にはこういう際に、風評被害（もしくは風評利益）といった言葉は使われません。安全と安心は違います。農薬は安全なものですが、消費者が安心するかどうかは別な問題です。表現を変えれば、たとえ農薬の安全性が科学的に証明されていようと、消費者にはそれに「安心しない自由」があります。

残留農薬が基準値以内でも、それでは不安なので無農薬の野菜を求める消費者はいます。その行動は科学的には合理的ではありませんが、それを風評だと責められる筋合いはない、と思うのです。

同様に放射能についても、ある食品の数値が基準値以内であろうと、消費者が嫌ならそれを食べる義務はないし、無理やり食べさせることはできない、と僕は思っています。逆の立場から言うと、客観的に見てどんなに安全なものであっても、それを食べるかどうかは、最終的にはやはり食べる人自身にしか決められない事です。消費者の中には、判断を丸投げされても困る、とお思いになる方もいらっしゃるでしょう。しかし、他人の心はコントロールできませんので、安心はその人自身が確保するしかないのです。行政機関や生産者が、不安に陥っている消費者を論理だけで安心させることは不可能です。「被害を受けた当事者でもあるのに、そんなに物分かりが良くていいのか！」というお叱りの声も聞こえてきそうです。念のため述べますが、もちろん僕自身は、合理性を欠いた極端な「安心」を求める人が増えることを望んではいません。現在、東北や関東の農産物の放射性物質に関しては、極めて厳しい監視体制が整えられています。多くの人が冷静で科学的な判断に基づき、過度にリスク回避的な行動をやめ、事故以前のような本来の消費行動に戻ることが望ましい事は言うまでもありません。

一農業経営者としては、「負け」

客観的な視点を離れ、一農業経営者として僕個人が今回の騒動をどう総括しているかを述べてみましょう。結論から言えば、「自分の野菜に、放射能の心理的なリスクを上回る質的な魅力がなかったので一部の顧客から支持されなくなった」と考えています。「事故の被害者なのにそんな考え？」というご意見もあるのは承知の上です。しかし消費者や電力会社を責めた所で、お客さんに喜んでもらえるわけではありません。「あなたのやっていることは風評被害だ」と説教されて嬉しい人がいるでしょうか？

経営は、結果が全てです。科学的には無視していい程度の懸念で敬遠されてしまったことは、理由はどうあれ、経営者としては「負け」なのです。

ですから、一農業経営者としてこれからすべきことは、多少の懸念があっても選んでもらえるような美味しい野菜を提供し続けることです。

僕は喩えとして、「ふぐを目指すべきではないか？」という言い方をしています。ふぐはリスクがあることが分かっているのにご馳走として支持され続けています。ふぐ毒による致死率は食中毒の中では突出して高く、毎年のように死亡事故があるにもかかわらず、多くの人に愛されています。ふぐに代わる美味しいものがないからでしょう。

ふぐの毒に比べれば、野菜の放射能の健康リスクは非常に小さいものです。それなのに「風評被害」を受けているとすれば、それはすなわち「ちょっと不安だけれども美味しいんだから食べちゃおう」という気持ちになってもらうことに成功していないから、という面もあるのです。

僕自身、これからも少しでもリスクを減らす努力を続けることは言うまでもありません。一方で、起きてしまったことを嘆くよりも、人々が不安を忘れるふぐのような魅力ある商品を目指すほうが、経営者としては前向きで合理的だと思うのです。

農家支援活動をどう考えるか

知事発表からまもなく、インターネットを中心に、被災地の農家を支援しようという活動が盛んに行われました。僕もネット上で盛んに発言をしていましたので、それが目に止まって興味を持ってくださった消費者の方、メディアの方も多数いらっしゃいます。3月末頃から、新しいお客さんからの注文や応援メッセージ、取材の依頼等を頂くようになりました。震災がきっかけで、遠方の知人も励ましのメールや注文をくれるようになりました。会社員時代の海外出張で偶然、飛行機の席が隣だった方から十数年ぶりにご連絡を頂いたりもしました。苦しい時期でしたので、いい出会いを頂き、経済的にも精神的にも励みになりました。農園の事業の方針を転換するきっかけとなるような素敵な出会いも、この間に頂く事ができました。

インターネット、特にソーシャルメディアの普及によって、個人と個人が直接つながる可能性は大きく広がりました。震災が起きた2011年は、チュニジアのジャスミン革命をはじめ、ソーシャルメディアを介した市民の運動が世界的に広がった時期でもあります。ネット上での農家支援プロジェクトも、これまでになかった新しく大きな動きです。

しかし、それが問題をすべて解決するわけではありません。この活動で救われたのは、ＩＴリテラシーが高く発信力のある一部の農業者に過ぎません。そして、皮肉なことに、発信力のある農家はそもそも、ある程度自力で立ち上がる力を持っています。本当に困窮している人たちには支援の手は届かない可能性が高いのです。

農業の分野では今後も、発信力やＩＴリテラシーのある人とない人の差はさらに広がっていくでしょう。低投資で大きな可能性が広がるのですから、基本的には弱者、小規模農業者に有利なツールです。これに、どう対応していくかが一つの鍵になることは間違いないと思います。

そうした発信力を多くの農家が持つことが、結果として「風評」を減らすことにもつながってくるはずです。

第7章　「新参者」の農業論

農業を始めた経緯

　ここまで、僕自身の体験を中心に現在の農業が直面している問題点について、また可能性について述べてきました。本書の締めくくりにあたって、ここまでに触れてこなかった論点を中心に、これからの農業の考えていくべき問題点をいくつか提示してみます。テーマは大きく言えば「職業としての農業」について、と「産業としての農業」について、です。

　まずは「職業としての農業」について。

　僕がサラリーマンから農業への転職を図ったのは、1998年でした。祖父母が農家だったので、子供の頃畑に連れて行ってもらった記憶がかすかにありますが、職業として農業を選ぶなどとは考えたこともありませんでした。農業に興味を持ったきっかけは会社員時代にアウトドアの遊びが好きだったこと。「やっぱり田舎に住みたい。田舎暮らしなら農業で自給自足！」と、よくある都市生活者の現実逃避先として、ミーハーな興味を持ったのが最初でした。

軽い気持ちで、自治体が主催する農業体験プログラムなどに参加する過程で偶然、有機農業と出会い、学生の頃から自分の中にあった環境問題への関心と農業が結びついてしまいました。不運にも（?）、気持ちにスイッチが入ってしまい、周りの意見も聞かずに農業をやる、と決めてしまいました。現在でも、僕の下で農業を目指す若者が働きながら就農を夢見ていますが、よく勉強している彼らと話していると、当時の自分が、いかに何も考えていなかったかを思い出して恥ずかしくなります。

農業は一人ではできない？

就農地を探す過程で、受け入れ先の行政機関や農家の人に言われて気になった事が二つありました。「農業は一人ではできない」と「有機の人は要らない」です。

「農業は一人ではできない。家族でするものだ」

これは、行政の窓口という窓口、会う農家という農家に口をそろえて言われたセリフです。実際に、新規就農者の支援制度がある多くの受け入れ自治体で、夫婦での就農が要件になっていました。もちろん、受け入れ側にとって就農支援は定住化政策でもあるので、家族世帯を歓迎するのは当然です。

営農の上でも、親心で言って下さっているのは重々分かるのですが、一人での就農（妻は別な仕事を持っています）を考えていた僕は、ずいぶん反発を覚えました。一人より二人の方が有利なのは、どんな仕事でも当たり前です。家族の無償の労働提供がなければ成り立たないなら、もはや経営とは言えないのではないか、と思いました。当時は若かったので、「そんな事を言っているから農家に嫁が来ないんだ！」とすら考えたものです。

今でも基本的な考えは変わっていませんが、「家業」に偏重している日本の農業の実態を知るにつれ、「夫婦でないと」という考えが大勢になってしまうのも無理はないな、とは思うようになりました。参入する人の幅を狭めてしまうので、もちろん同意はできませんが……。

「有機の人は要らない」

印象に残った、もう一つのセリフ「有機の人は要らない」は、とある九州の自治体の就農担当者から言われました。「なぜですか?」と問う僕に、「我々が欲しいのは趣味の農業者ではない。地域のリーダーとなるような、きちっとした経済農業ができる人だ。我が県ではあなたを受け入れることはできない」と、はっきり言われました。

当時の自分は確かに甘かったので、そう言われても仕方なかったと思います。ただ、その時に二つの疑問を感じました。

一つ目の疑問は、既存のやり方で本当にいいのか、ということです。「有機がダメなら、どういう農業ならいいいんですか?」という僕の質問への彼の答えは、以下のものでした。

「産地として確立しているピーマンを栽培しなさい。技術指導も受けられる。低利で融資を受けて設備を建てることもできる。絶対安全だ」

絶対安全なら、どうしてピーマン農家の子供が家業を継がないのでしょうか? 時代が移り変わっていくのに、大きな設備投資をして一つの品目を栽培し続ける事が本当に「安全」なのでしょうか? 経営的には圧倒的に有利なはずの農業後継者が選択しないやり方を、よそから連れて来た素人に無理やり押し付けているのではないのでしょうか? この時から、行政の支援プログラムに乗ることには慎重になろう、と思いました。

有機は儲からない?

もう一つの疑問は、有機農業は「きちっとした経済農業」になり得ない「趣味の農業」なのか、ということです。

確かに、そう言われても仕方のない面もあります。社会運動として始まった有機農業は、その理念を前面に打ち出し、既存の農業技術や農政を厳しく批判していました。かくいう僕も、その頃は「思い先行」のメンドクサイ人間だったと思います。現在でも一部の有機農業者の間には、お金の話をするのがはばかられるような反市場的な空気がありま す。ろくに栽培技術もない初心者が理念先行の頭でっかちな話ばかりすれば、行政や地域の先輩たちから疎んじられるのも無理はありません。

とはいえ、有機というだけで門前払いにするのもおかしなことだ、と感じていました。時代の趨勢は間違いなく環境保全性や食べ物の安全性を重視する方向に向かっているのだから、ビジネスとしては追い風だ、という思いがあったからです。確かに有機農業運動にも問題はある。けれども、今のままの農業に将来性があるの？　と疑問に思ったのです。

この件を通じて学んだのは、自分がやろうとしていることは行政が支援してくれない、ということです。当初、世間知らずの僕は、恥ずかしながら、「人がやらない農業に就くと言っているのだから、みんな応援してくれるはずだ」くらいに甘く考えていました。冷たい対応をされてはじめて、自分が進む道は世の大勢とは違う、いわば祝福されない道だということを知ったのです。

おかげで、自分では「いいこと」だと思っていた有機農業への農業関係者からの風当たりを肌で感じることができました。また、自分の好きな事を経済的に成り立たせるにはどうすればいいのか、を少しずつ考えるようになりました。今では、考えの甘かった自分に活を入れてくださった行政の方に感謝しています。支援制度を使って他人に言われるがままの農業をしていたら、今日まで生き延びることはできなかったかもしれません。

現在でも、新規に農業をやりたい人がまず行政を頼るのは自然なことでしょう。それ自体は悪いことではありませんが、そもそも組織の成り立ちから言って行政は新しいことが苦手です。これから始めようという人には、公的な支援をアテにしすぎて、時代を見誤ることのないよう注意して欲しい、と思います。

趣味の菜園は農業ではない

２００９年前後に一時的に起きた農業ブームは少し落ち着いたようですが、それでも潜在的に農業をやりたいという人は以前より増えています。しかし、中には、趣味としての家庭菜園と職業としての農業の区別がつかないまま就農してしまう人もいます。暮らしが立ち行かなくなり、すべてを放り出して夜逃げのように去ってしまう不幸なケースもあります。

僕自身も就農のきっかけが農的暮らし志向だったので、偉そうには言えないのですが、広義の「農」と生業としての「農業」は異なるものです。「農」に興味を持つ人は、つい「農業」に惹かれてしまいますが、実際にプロの農業者になる人・なれる人は少数です。多くの人は、アウトドア的な田舎暮らしへのあこがれや、家庭菜園として植物を育てる園芸の楽しみを「農」という言葉で表現しているに過ぎません。

そういう人たちが「農業」という言葉を使うのは、遊びでマージャンをやる人が自らを自嘲気味に「雀士」と呼ぶのと同じで、本来は一種の言葉遊びだと思います。

何かの拍子で遊びが本気になってしまい、いざ田舎に移り住んで農業を始めてみると、圧倒的な「業」の厳しさに直面します。早い段階で諦められればいいのですが、撤退する勇気を持てないまま、仕事とも趣味ともつかない田舎暮らしをズルズルと続ける例は少なくありません。そういう人たちの多くが、「農的な暮らしへの憧れ」「食べ物の自給」「環境に配慮した生き方」といったキーワードを口にします。

ところで、釣りは10人に1人がやっているという日本で最もポピュラーな趣味の一つですが、釣り人が「漁的な暮らしを求めて」とか、「食糧の自給のために今こそ釣りを」などと言うのは、あまり聞いたことがありません。もちろん、釣り病も悪化するとかなり重い病気なので（笑）、人々を夢中にさせる魔力は家庭菜園のそれと変わらないでしょう。それでも釣り人は漁師にはならないのに、家庭菜園の人だけが安易に農業の道を進んでしまうのはなぜでしょうか？

野菜にしても花にしても、植物を育てるのは素直に面白い行為です。一粒の種から芽が出て、花が咲いて、実がなっていく過程は見ているだけでも楽しいもの。加えて、腕の良し悪しが結果を大きく左右するとなれば、面白くないはずがありません。

野菜が欲しければ、店で買うほうが安くて合理的です。畑を借りて、道具を買って、苗を買って、とやっていたのではお金がかかり過ぎてしまいます。それでもやるのは、目的が収穫を得ることだけではなく、育てる過程を楽しむことだからです。植物が育つ様を楽しむ。うまくいけば、それを食べたり人にあげたりできる。それだけで、趣味としては十分楽しいはずです。

一方で、生業としての農業の面白さは家庭菜園のそれとは異なります。漁と釣りが違うのと同じです。農業と家庭菜園には共通する部分もありますが、農業の本当の面白さは趣味の菜園の延長線上にあるのではなく、別次元のものです。家庭菜園はお金を払ってする趣味であるのに対して、農業はお金を稼ぐためにする仕事です。

ものづくりの面で言えば、合理性や効率性を考えてプロセスを工夫する楽しみがそこにはあります。また、販売面では、どのようにお客さんを喜ばせて対価を得るか、という面白さがあります。これらは、仕事をして採算を取る、という制約があるからこその面白みです。

農的な暮らしや食べ物を自分で作ることへの憧れは、都会暮らしをしていれば誰でも多かれ少なかれ持つものです。生きる上で最も大切な食べる物を、他人に頼っている事に違和感を覚える人が多いからでしょう。しかし、都会人が描く「農」のイメージを実現しつつ「業」を成り立たせるのは、難しい事です。「理想の暮らしができるなら、ギリギリ食っていければいい」という意見は多いですが、実はそれこそが難しい。経済農業もできない人に農的な暮らしは無理だ、と僕は思います。

大先輩の農家から、こんな話を聞いたことがあります。

「自分は20年経済農業を頑張って、子供も育て上げた。建具屋の仕事も覚えて、いよいよ困った時には、まとまった現金収入を得られる業も身につけた。これから、ようやく自分の楽しみの自給的な暮らしに入って行くんだ」

何でも自分でやらなくてはいけない自給的な暮らし、というのは、むしろハードルが高い物なのです。

ちょっと厳しい言い方になりますが、趣味の菜園をやっている人が「農業」という肩書きが欲しくなるのは、植物を育てるプロセスを純粋に味わっていないからではないでしょうか。遊びを遊びとして楽しめていないから、ただの趣味ではないという看板が欲しくて「自給」や「環境」というキーワードを口にするのだと思います。あまり大上段に構えず、趣味は趣味として素直に楽しんだ方が、楽しみが長持ちするのではないでしょうか。

補助金は就農を助けるか

新規で農業を始める人は、どの程度食べていけているのでしょうか？

全国新規就農相談センターが10年以内の新規就農者にとったアンケートでは、７割強の人が現在の農業所得では生活が成り立たない、と回答しています。さらに、「成り立たない」と回答した人の６割が、今後も生計を立てられるめどが立たない、と答えています。つまり、就農者全体の約４割が10年以内に農業を続けられなくなっている、ということです。

この数字をどう見るかは人それぞれでしょう。一般の起業で言えば、新規設立会社の倒産率は１年で５割、５年で８割と言われています。それに比べれば新規就農者は健闘している方だ、と読めるわけです。実際に周りを眺めても、半分が１年でやめているようには思えません。

新規就農者が一般の起業家に比べて優秀だからでしょうか？　そうは思えません。農業をやりたいという人の一定数は、かつての僕がそうであったように、家族でのんびり食っていければいい、という田舎暮らし志向です。他の業界よりも、むしろビジネスセンスに乏しい人が多い印象です。

「歩留まり」が比較的高い一番の理由は、農業が他の事業に比べて参入しにくく、就農までたどり着ける率が低いからだと思います。つまり入口で選別がかかり、参入する人が絞られているということです。その「ふるい」が優秀な人を残せているかどうかは一概に言えませんが、少なくとも農業はやる気とお金があれば誰でもできる仕事ではありません。難しい分、参入者の母数が絞られ、結果的に歩留まりが上がっているのだと思います。

僕自身は、ふるいが取り払われ、今よりも多くの人が農業にチャレンジすることが望ましい、と考えています。しかし、それは同時に、成功率が下がることを意味します。参入者が増えただけマーケットが拡大するとは思えません。パイの奪い合いも起きるでしょう。競争の激化と脱落者の増加は避けられません。いい人材を発掘するためには、それは受け入れざるをえないことなのです。ふるいは新規参入者だけではなく、農業者全体にかけられるべきなのです。そのことで、人の「入れ替え」が起きるべきです。

僕は、農業活性化の鍵は生産手段の流動化、すなわち、人と土地がもっと自由に動くことだと思っています。皆ができることを目一杯やっているのに生産性が上がらないのではなく、人と土地が適正に配分されていないせいで、できて当然のことができていない、と捉えているからです。逆に言えば、農業の生産性は、もっと上がる余地がありま す。

現在、政府は新規就農者を増やそうとしていますが、その施策は簡単に言えば入口のふるいの目を粗くする事です。一つの目玉として、2012年度から「青年就農給付金制度」が創設されました。これは、就農予定時の年齢が45歳未満の新規就農希望者に、年150万円を最大7年間支給する、というものです。僕は、この政策の効果には疑問を持っています。土地利用の規制も今のまま、農家の既得権も今のままで、新規に参入する人の前にぶら下げる人参だけを大きく見せて、うまくいくでしょうか?

最近、僕の所に就農の相談に来る人の中には、経験も見通しも全くないのに、150万円というお金だけをアテにしている人がいます。こういう例を見ていると、安易にお金を出すことはいい人材の発掘につながらないばかりか、多くの人に時間とお金を浪費させるだけだ、と思わざるを得ません。

清貧で弱い農家像がもたらすもの

有機農業の看板を掲げていると、「清く貧しくエコロジカルな善人」というイメージで見られることがよくあります。面と向かって言われることもあり、びっくりします。もちろん僕は、わざわざ申告するほどの悪人ではないつもりですが、旗に書くほどの善人でもありません。ただの「野菜をつくって売る仕事をしている人」です。

ところが清貧なイメージが先行する故でしょうか、有機農業の世界には、お金のことを語っただけで嫌がられるような反市場主義的な空気が未だに存在します。「あなたのやっていることはビジネスだ！」と否定的に言われたこともあります。社会起業家というジャンルすらポピュラーになってきている時代に、ビジネス＝悪者という図式はいくらなんでも批判の視点が古い、と感じます。

個人的な批判にとどまるうちはいいのですが、多くの一般の方々が農業者全体に、このようなステレオタイプな見方をするのは問題です。都市住民は農家と接したことのない人がほとんどなので、誤ったイメージが広がりやすいのです。日本の中枢にいるビジネスマンや中央省庁の官僚すらも、「昔ながらの農的な暮らしを営む弱くて清貧な人たち」という農家像に囚われている感があります。

実際は違います。農業はプロの農業者によって支えられている立派なビジネスです。日本の販売農家は約200万戸ですが、そのうちの7％でしかない販売金額1000万円以上の農家の売上が全生産額の6割を占めているのです。こうしたプロの農業者の多くは、「先祖代々の土地を守り、食糧自給の使命を帯びて農的な暮らしを続ける貧しい農家」ではありません。普通のマインドを持った社会人であり、さらに言えば、多くの場合は農地法に守られた資産家です。社会的弱者ではありえません。

間違った農家像を持つことは、人々に現実を見誤らせます。「かわいそうな農家」を支援するための税制の優遇措置が、農業生産に寄与していない「名ばかり農家」の資産形成を助ける一方、やる気のある農業者の規模拡大や新規参入を阻害することもあります。これは、都市化に伴って、農地が不動産としての価値を持ってしまう局面において日本中で起きていることです。

農林水産関係には、毎年2兆円を超す膨大な予算がついています。無駄なお金もたくさん使われ、そこに多くの役人や政治家や土木業者がぶら下がっています。多くの人が「かわいそうな農家」像を持つことは、農業が弱い産業であり続けることで利益を得ている人たちを結果的に支えてしまう、という事を忘れないで欲しいと思います。

閉鎖性は非合理的か？

ちなみに農業への新規参入についての議論では、「農村の閉鎖性」がよく問題とされます。

農村社会は閉鎖的・排他的で住みにくい、と言われます。新規就農者向けの冊子などでも、この点に十分留意するようアドバイスが書かれています。

僕は祖父が住んでいた（就農時点で既に死去）地域で農業を始めたので、嫌がらせを受けるようなことはありませんでしたが、それでも田舎の息苦しさを感じる事はあります。皆が知り合い、という息苦しさです。

都会で集合住宅に住んでいた時は、隣に誰が住んでいるかも知りませんでした。街でも知り合いに会うことは滅多にないので、匿名性・埋没性が保たれる快適さがありました。人の中に埋没できる自由は都会生活の特権と言ってもいいでしょう。

これに対し、人口が少ない田舎では、コミュニティーは基本的に顔見知りの人たちで構成されていることが多いのです。僕が住んでいるのは比較的人の出入りがある地域なので全員が全員を知っているということはありませんが、流動化が少ない地域では、知らない人が歩いているだけで、あれは誰だ？ という話になるほどです。いつでも誰とでも楽しく挨拶できる人はともかく、そうでない人には住みにくいかもしれません。

「都会の人間関係の煩わしさから逃れて田舎に住みたい」

こんなことを言う人がいますが、あまり現実的な考えではないでしょう。人間関係はどこにいてもある程度煩わしいものですし、顔見知りが多い田舎のほうが、むしろ大変という面は明らかにあります。

ただし、田舎の持つ閉鎖性にはいい面もあって、外部からの侵入者に対するセキュリティーシステムとして機能しています。知らない人がいればすぐに分かるのですから、なかなか強力です。

人の出入りが少ないコミュニティーでは、ネットワークが小さくなりがちです。特に、生活圏や行動範囲の狭い年配の方には、その傾向が強い。幼少の頃から家族ぐるみで知っている者同士がそのまま農家を継いだり、地元に勤めたりするわけですから、その輪の中で物事を考えるようになるのは当然です。公的な手続きすらそうで、役場も農協の人たちも顔見知りですから、正規のルートでの手続きよりも私的なネットワークで仕事を進めたほうが速い場合すらあります。

この事の是非は一概には言えません。外から入った僕から見て、最初は排他的なコネ社会に思えましたが、一旦中に入ってしまえば、確かにスムーズで便利なところもあるのです。あらかじめ想定された人間関係の中で完結するなら、効率的なやり方なのかもしれません。

ただし、時代の変化と共に状況は変わり、農村コミュニティーの拘束力は年々弱まっています。僕が住んでいる地域の例で見ると、農村地帯とはいえ農業専業で食べている人はどんどん減っています。お年寄りが少しだけ田畑を耕し、子供の代は勤めに出ている家が増えています。こうなると必然的に、コミュニティーの内向きなしがらみは弱まります。一見強固に見える田舎の共同体も、地域の産業構造の変化に伴って変容するのです。結局、その時の構成員に合理的でないシステム、利益をもたらさないシステムは長続きしないのだと思います。

ムラ社会は農村独特のもの？

農村が「ムラ社会」であることにはまったく異論を挟むつもりはありません。一方で、あまりそのことをネガティブに捉えても仕方がないのでは、と考えています。そもそも、それって農村（または田舎）特有の事情なの？ という疑問もあります。
社会学で、ムラ社会の特徴として挙げられているのは下記のような項目です。

・ボスと子分の上下関係が厳然と存在する。
・掟や価値観が絶対で、少数派や多様性の存在自体を認めない。
・出る杭は打たれる。強い同調圧力。
・排他主義に基づく強い仲間意識。
・構成員は陰口を好む。
・共有意識が強く、プライベートやプライバシーといった概念が無い。
・事なかれ主義。

しかし、これは農村に限らず、会社や学校などで、どこにでも見られる現象ではないでしょうか？

日本型経営と呼ばれる終身雇用・年功序列を基本とした会社組織は、多かれ少なかれムラ社会の特徴を持っていたと思われます。閉鎖性・排他性社会の象徴のように言われる農村社会も、他の組織と本質的な違いがあるわけではなく、所詮は程度の差でしかない、と僕は考えています。

繰り返しますが、こうした性質にはメリットもあればデメリットもあります。これまではメリットが勝っていたからこそ、あまり変わらなかったのでしょうし、これからは事情が変わってくるだろうと思います。

日本型経営が近年なぜ崩れてきたのかといえば、その形態が低成長の経済環境やグローバルな競争に対応できなくなったからです。農業もまた、ムラの共同体を前提とした古い形態からの脱却が迫られています。

農業が今後もビジネスとして成立する「産業」であるためには、この点は必ず考えていかねばならない視点になるのではないかと考えています。

農村の特殊性は言い訳にならない

古い形態からの脱却、などと言うと何だかベンチャー起業家かコンサルタントの言い分のようだ、と受け止められるかもしれません。農業に、ある種のロマンを感じる人にとっては抵抗を感じる物言いでしょう。

「農業は特殊な産業で、他の産業とは違う。簡単には変われないのだ」という立場の論者もいます。その論拠の一つは、農業は農村社会に根ざしているから近代化とは相容れないのだ、というものです。農業は地縁血縁など古くからの農村の習慣と結びついており、近代化には馴染まない側面がある、というのです。果たしてそうなのでしょうか？習慣は前述のとおり、永遠のものではありません。時代に合わなくなれば自然に変わっていくものです。それを根拠に農業は特殊でいいという主張は本末転倒なのではないでしょうか。

僕は、農業はもっと強い産業にならなくてはならない、と考えています。農業者はもっと利益を上げられるはずです。その手立てがないというなら諦めるしかないのですが、やれることはたくさんあるのに、できていないのはもったいないと思います。ごく普通の競争環境を整えれば、農業はもっと良くなる、と思います。

変わらないのは困っていないから

農村の同調圧力は都会のそれより強いでしょう。特に年配の世代は、共同体の縛りが染み付いていて新しいことに挑戦しようという意欲に乏しい人が多いのも事実です。そういう人たちが、若い世代の新しい挑戦を阻むケースもあります。

しかし、若い世代の側も食っていけないほど困窮していれば、農村社会のせいになどしてはいられないはずです。農業者が変われない一番の理由は、やはりお金に困っていないからだと思います。

すでに述べたように、農家は「持てる者」なのです。

多くの農家には、親から引き継いだ家や農業設備があります。僕たち、新規参入組から見ると、家も土地も機械もあって、アイデア一つでいくらでも面白い農業ができる羨ましい営農環境です。しかし同時に言えるのは、家も土地もあるからこそ、劇的な変化をしなくても生きていけてしまう、ということです。

農家は、農地法のおかげで固定資産税や相続税、贈与税等が大幅に免除されています。実質的に相続税がほとんどかからないため、親の家や土地を無傷で引き継いで生活を続けられます。その結果、一般に農家の生活コストは都市生活者に比べて随分安く抑えられている、と考えられます。都市生活者が、生涯収入の4分の1を住居費に取られている事を考えれば当然です。

このような経営・生活環境では、リスクを取って新しい事に挑戦する意欲が生まれにくいのは当たり前です。既存の路線を踏襲する個々の農家は、むしろ経済的に合理的な行動を取っていると言えます。新しいことにチャレンジする方向にインセンティブ（経済的誘因）が働いていないのです。「水は低きに流れる」と言います。好んで苦しい道を行きたい人はいません。水質に問題があるのではなく、水の流れを決める水路のデザインが間違っているのです。

人的ネットワークの狭さも一因

新しいことに目が向かない、もう一つの理由は人間関係の狭さにある、と思います。フツーの農家後継者のあり得べきキャリアパス（仕事に就くまでの道筋）は、地元の小中高校を卒業し、場合によっては大学や専門学校を出た後実家に戻り、親の仕事を手伝いながら後を継ぐ、というものです。交友関係は幼馴染や消防団関係など地元に密着したものになりますし、結婚相手は小中高の友人関係や地元のネットワークから見つけるケースも多いようです。仕事での付き合いは農業後継者組織や地域の生産者同士が中心になりがちです。

その事自体が悪いわけではありません。このパターンの弱点は、お手本となる人が既存のシステム内で上位の人物、つまり過去の成功者に偏りやすい点です。構造的に、新しい事や変わった事にチャレンジしにくい仕組みなのです。

子供の頃から知っている人間関係の中で、親や地域の篤農家に頭を押さえつけられて、ユニークで大胆な発想ができるものでしょうか？　実際に話をしてみても、農業後継者には起業する、という意識に乏しい人が多いように感じられます。中には農業をビジネスと捉えていない人すらいます。

高度成長期のように、何をやっても結果がついてきた時代は、どの産業でも現状維持のためのシステムが求められました。今の農業の仕組みも、当時は盤石だったのかもしれません。しかし低成長下で、既存の農業が競争力を失っている今必要なのは、全く新しい発想を積極的に取り入れることです。その意味では、既存の物を引き継ぐという後継者のやり方そのものが、有利なようで足枷《あしかせ》になっている側面があるように、僕には思えます。

第４章で、農業はマーケットレビューよりピアレビューが優先する社会だ、と申し上げました。半径10キロメートルの評価の中で長年生きていると、その外に世界があるという想像すらできなくなってしまいます。たとえ周りの人間に叩かれても、そのシステムの外にまだ見ぬ真の支持者がいる、という考えを信じて壁を突破していく人が必要です。そういうチャレンジをしている人たちを励まし、後押しする事が、今の農業にはできていないのです。

新規就農者は職人志向？

農業をしたい人の多くは野菜づくり、米づくりなど生産の仕事がしたい人です。そんなの当たり前じゃないか、と思われるかもしれません。しかし、実際には農作業は農業の一部でしかありません。農業経営を続けていくためには、営業、経理、企画など様々な仕事をこなさなければなりません。何をやりたいか、はもちろん人それぞれなので農作業だけをしたい人がいる事自体には何の不思議もありません。ただ、その人が生業として農業を続けるためには、他の業務もこなす必要があります。

飲食業の方からも似たような話を聞きます。料理人の中にも、厨房でひたすら料理を追及したい職人志向の人から、お店全体のマネージメントや他店との競争の中でのポジショニングを組み立てるのが好きな人まで、いろいろなタイプがいるそうです。職人気質は素敵なものではありますが、それだけでは経営は回りません。職人としての仕事に集中したいのなら、他の業務を担ってくれるパートナーや勤め先を探す必要がありますし、どうしてもすべてを自分でやりたいなら、厨房に入る時間を削って他の業務をこなさなければなりません。

この例で言うと、農業をしたい人は「ひたすら厨房に入っていたい」職人タイプに偏っている気がします。実際、農業者は顔を合わせると栽培の話ばかり、という傾向があります。その事自体が悪いわけではないのですが、経営的な視点を持つ農業者が少ないのは事実です。「価格が安い」「農協が何もしてくれない」という文句が多いのは、自分たちは「つくる人」で、売ることは他の誰かがやってくれるべきだ、という意識が染み付いてしまっているからです。これが、家業偏重の日本の農業の大きな弊害の一つです。規模拡大を勧めるわけではありませんが、展開型の農業経営体が極端に少ないのは産業構造として、やはりいびつです。

経済が停滞する中で、中高年の料理人が行き場を失っていると言います。腕の良し悪しにかかわらず、相対的に給料の高い職人の仕事の確保がなかなか難しいようです。農業者も同様に、栽培技術があるというだけでは、生き残れない時代に入ってきているのだと思います。

「生産」者？　「消費」者？

僕の農業のやり方は業界では完全な異端ですが、野菜を〝生産〟するだけではない独立系の農業者は増えています。そして、農産物を〝消費〟するだけではない消費者もまた増えています。第４章で、コモディティー（類似品と差のない汎用品）としての農産物は価値を失いつつある、という話をしました。これからは、モノだけでなく売り手と買い手の関係性が、商品の価値に占める割合が否応なしに高くなっていくでしょう。農家は生産物を〝出荷〟するだけの存在、という前提は崩れつつあります。いや、積極的に崩していくべきです。

久松農園では自分たちの野菜を、お客さんに「販売」しています。土作りから収穫まで僕たち自身が関わり、お客さんの手元にいい状態で届くことに責任を持っています。〝生産〟しているだけでも、〝出荷〟しているだけでもないのです。だから、僕たちの思いがお客さんに届き、野菜が美味しいのだと思います。「顔が見える」というのは顔写真が貼ってあることや、栽培履歴がトレース（追跡調査）できることが大事なのではありません。そういう小道具は、むしろ枝葉のものです。「ふるさとの便り」ではありませんが、思いや関係性を想像させるような商品であることが重要です。

戦法は自分で考える

斜陽と言われて久しい日本の農業ですが、潜在力はまだまだあると思います。眠っている力を発揮するためには、改革が必要です。改革後の日本の農業の規模が、今の農業者人口を維持できるかどうかは分かりません。それは市場が決めることです。今後も、今の農家が全て食っていけるのを前提にすべきではありません。

安倍政権は「攻めの農業」を推進する、と盛んに言っていますが、何をどう攻めるか、その戦法は農業者自身が考えることです。政治の仕事は自由で公正な競争環境を整えることであって、戦い方にまで口出しをするのは余計なお世話というものです。まして、所得補償政策など百害あって一利もありません。どこの世界に、足腰を鍛えるために甘やかす人がいるでしょうか。国民も、農業と農業政策をもっと厳しい目で見て欲しいと思います。

繰り返し述べてきたように、鍵は人と土地の流動化です。ガチガチに守られた規制を緩和し、自由な競争環境を確保すれば、新規参入や新しい取り組みが増え、農業は全体としてもっと強くなると思います。

特に、多様な人材の確保が大事です。今のように過去の成功者の後継者しか入れない状況では、人材の幅が限られます。圧倒的に人材が不足しているのですから、既存の枠組みを改め、新しいタイプの人を入れる以外に手はありません。僕の就農時のエピソードのように、行政の担当者が想定している枠から漏れている人がたくさんいるのです。

こんなに面白い仕事はない

現在の久松農園の農場長は女性です。フラワー業界、料理教室の先生を経てウチに就職した変わり種です。

小柄でかわいらしい彼女の普段着を見て、農業をやっていると思う人は10人中１人もいないでしょう。大型トラクターを乗りこなす姿に、来客が目を丸くしています。

小柄で非力な女性で、将来独立志望でもなく、農業のキャリアがわずか１年半の彼女が生産部門のリーダーとして活躍していると聞いて、信じない人も多いかもしれません。でも事実です。彼女の存在、久松農園のやり方そのものが、農業界の既成概念がいかにアテにならないかを端的に示しているのではないでしょうか。

「こんなに面白い仕事なのに、どうしてみんなやらないんだろう？」

農場長のセリフです。僕も全く同意見です。

大学の友人や取引先の方々と話していると、みんな素敵で面白い仕事をしているなあ、と感心します。でも、嬉しいことに、僕の仕事も全く引けをとっていません。むしろ、羨ましく思われることも少なくありません。

農業の面白さは、どこにあるのでしょうか？

僕が感じる最大の魅力は、その自由度の高さです。結果さえ出せれば、どんなやり方をしても構わないし、既存のやり方に縛られる必要もありません。

周りの農家の農作業を見ていて、夫婦の分担が気になることがあります。たとえば田植えでは、多くの場合、男性が田植え機に乗って機械の操作をし、女性が苗を運んで補充したり、植え終わった苗箱を洗ったり、という役割分担をしています。僕は、これを見るたびに、「合理的じゃないなー」と感じてしまいます。機械操作は力を必要としないのだから、相対的に非力な女性が機械操作に回って、体力を使う仕事に男性を当てたほうが効率的だと思うのです。

それを指摘すると農家の方は、「田植え機の操作は微調整が難しいから、そう簡単にはできないんだ！」とおっしゃいます。それは分かるのですが、そのスキルは女性だから習得できない、という事はないと思います。本当の理由は、全体の合理性よりも、「何となく」そういう分担になっているだけなのだと思います。元来、男の子はメカ好きですしね。

久松農園の芋掘りは、一番小柄な女性がトラクターに乗り、男たちが後ろで芋を拾っていきます。地味ですが、こういう小さな合理化の積み重ねが全体の生産性を向上させるのです。

そもそも、人が働く喜びはどこから来るのでしょうか？

僕は、それは「工夫」だと思っています。決められたことをこなすだけの仕事には工夫の余地はありません。主体的に取り組むからこそ、工夫ができるのです。工夫するということは、仕事と真剣に向き合い、持っているものを全部出すということ。工夫の多い仕事には自ずと、その人の個性が表れます。

農業は工程が多い仕事です。一つの作物だけ見ても、作付の計画から畑の準備、種蒔き、収穫、片付けにいたるまで多くの工程があり、有機的につながっています。ここをこうすれば収穫作業が速くなるんじゃないか、こうすれば雑草が生えにくくなるんじゃないか。試行錯誤の繰り返しです。発想自体に問題があることもあれば、アイデアは正しくても技能が足りずに実現しない事もある。一つ一つの工程の改善に頭も体もフルに使います。工程が多いということは、それだけ工夫の余地が多いという事。その意味で、農業は個性を発揮する場面が多い仕事なのです。

僕はビジネスの成功を、規模やお金で測れるとは思っていません。多くの人のイメージに反するかもしれませんが、農業はやる価値があり、やっていて面白く、お金にもなる仕事です。誰もやっていない、新しい仕事で僕たちスタッフが充実した日々を過ごし、お客さんを満足させ、事業がきちんと継続していくことが僕の定義する成功です。まだまだ課題はたくさんあります。しかし、僕たちが進んでいる方向は間違っていない、と思います。

これほどクリエイティブで知的興奮に満ちた仕事はそうはありません。

僕の話を聞いて、日本中のあちこちで面白い農業をする人が増えたら、農業は大きく変わる、と確信しています。

2013年夏の久松農園スタッフ。左から2番目が筆者。

主要参考文献

岩田進午『「健康な土」「病んだ土」』(新日本出版社、2004年)
畝山智香子『ほんとうの「食の安全」を考える　ゼロリスクという幻想』(化学同人、2009年)
梅原真『ニッポンの風景をつくりなおせ　一次産業×デザイン=風景』(羽鳥書店、2010年)
神門善久『日本農業への正しい絶望法』(新潮新書、2012年)
小島正美『正しいリスクの伝え方　放射能、風評被害、水、魚、お茶から牛肉まで』(エネルギーフォーラム、2011年)
小関智弘『ものづくりに生きる』(岩波ジュニア新書、1999年)
子安大輔『「お通し」はなぜ必ず出るのか　ビジネスは飲食店に学べ』(新潮新書、2009年)
佐々木俊尚『ネットがあれば履歴書はいらない　ウェブ時代のセルフブランディング術』(宝島社新書、2010年)
杉山経昌『農で起業!実践編』(築地書館、2009年)
高橋久仁子『フードファディズム　メディアに惑わされない食生活』(中央法規出版、2007年)
辻村卓・編著、佐藤達夫、青木和彦『野菜のビタミンとミネラル　産地・栽培法・成分からみた野菜の今とこれから』(女子栄養大学出版部、2003年)
中嶋常允『間違いだらけの有機農法　本物の野菜の見分け方』(文理書院、1986年)
中島紀一、金子美登、西村和雄・編著『有機農業の技術と考え方』(コモンズ、2010年)

中西準子『食のリスク学　氾濫する「安全・安心」をよみとく視点』（日本評論社、2010年）
西田利貞『新・動物の「食」に学ぶ』（京都大学学術出版会、2008年）
日本農学会・編『地球温暖化問題への農学の挑戦（シリーズ21世紀の農学）』（養賢堂、2009年）
農文協文化部『管理される野菜　商品流通と品質主義』（農山漁村文化協会、1985年）
野村克也『野村再生工場　叱り方、褒め方、教え方』（角川グループパブリッシング、2008年）
福永雅文『ランチェスター戦略「弱者逆転」の法則　ビジネス下克上時代に勝つ！』（日本実業出版社、2005年）
伏木亨『人間は脳で食べている』（ちくま新書、2005年）
松木一浩『農はショーバイ！』（アールズ出版、2010年）
松永和紀『食の安全と環境　「気分のエコ」にはだまされない（シリーズ地球と人間の環境を考える11）』（日本評論社、2010年）
松永和紀『お母さんのための「食の安全」教室』（女子栄養大学出版部、2012年）
水上勉『土を喰う日々　わが精進十二ヵ月』（新潮文庫、1982年）
村上龍『人生における成功者の定義と条件』（NHK出版、2004年）
舞木昭彦、近藤倫生「種間関係の多様性が生態系をささえる」（http://first.lifesciencedb.jp/archives/5414）
山川邦夫『野菜の生態と作型　起源からみた生態特性と作型分化』（農山漁村文化協会、2003年）

【久松農園について】

久松農園は、インターネットのオンラインショッピングで野菜を販売しています。
詳しくは、ホームページ（http://hisamatsufarm.com/）をご覧ください。

図版製作　ブリュッケ（図6を除く）

本文写真及び図6　筆者

JASRAC　出　1307377-301

久松達央　1970(昭和45)年生まれ。
慶應義塾大学経済学部卒業後、帝人㈱で輸出営業に従事。1999年、農業へ転身し、久松農園を設立。会員消費者と都内の飲食店に直接販売をしている。

Ⓢ新潮新書
538

キレイゴトぬきの農業論《のうぎょうろん》

著　者　久松達央《ひさまつたつおう》

2013年 9 月20日　発行
2023年11月10日　11刷

発行者　佐 藤 隆 信
発行所　株式会社新潮社
〒162-8711　東京都新宿区矢来町71番地
編集部(03)3266-5430　読者係(03)3266-5111
http://www.shinchosha.co.jp

印刷所　株式会社光邦
製本所　加藤製本株式会社

ISBN978-4-10-610538-8 C0261